改訂版　聞いて覚えるコーパス 英熟語

キクジュク

【Basic】

大学入試レベル

一杉武史 編著

アルク

英語の超人になる！
アルク学参シリーズ

大学受験のために必死で勉強する、これは素晴らしい経験です。しかし、単に大学に合格さえすればよいのでしょうか？　現在の日本に必要なのは、世界中の人々とコミュニケーションを取り、国際規模で活躍できる人材です。総理大臣になってアメリカ大統領と英語で会談したり、ノーベル賞を受賞して英語で受賞スピーチを行ったり、そんなグローバルな「地球人」こそ求められているのです。アルクは、大学受験英語を超えた、地球規模で活躍できる人材育成のために、英語の学習参考書シリーズを刊行しています。

Preface
最新の言語習得メソッドが生んだ「ゼッタイに覚えられる」熟語集です!

1日わずか16熟語、2分でもOK!。「耳」と「目」からのダブルインプットで7週間後には大学入試レベルに!

今まで何冊も熟語集を買ったけれど、やり遂げることができなかったり、覚えることができなかった——そんな経験はありませんか? 『改訂版 キクジュクBasic 大学入試レベル』は、そんな方のために作られた「ゼッタイに覚えられる」熟語集です。では、「やり遂げる」にはどうすればいいのでしょうか?

答えは、1日の学習量にあります。本書は1日の学習熟語数を16に限定。7週間、計49日の「スケジュール学習」ですので、必ずやり遂げることができます。また、「覚える」ためには「耳」からの学習が不可欠です。楽しい音楽に乗りながら熟語を身につけていく「チャンツ音声」を用意していますので、耳と目からの「ダブルインプット」で熟語の定着度が飛躍的に高まります。

今話題の「コーパス」を徹底分析! 頻出熟語をタイプ別に覚えられるので、ムリなくムダなく、身につく!

見出し熟語の選出には徹底的にこだわりました。過去の入試問題のデータに加え、膨大な数の書き言葉と話し言葉を集めたデータベース、「コーパス」をコンピューターで分析し、使用頻度と熟語のタイプを基に見出し熟語を選んでいますので、ムリなくムダなく学習することが可能です。

将来、英語を使って世界に羽ばたいていく皆さんは、「受験英語」にとどまることない「実用英語」も身につけておく必要があります。本書は、生の英語を収めたコーパスを基に作られていますので、大学生そして社会人になってからも世界で渡り合える熟語力の素地が身につきます。「英語の超人」への第1歩を目指して、一緒に頑張りましょう!

Contents

**1日16熟語、7週間で
大学入試必修レベルの687熟語をマスター！**

Contents

CHAPTER 4

**数語で1つの品詞の
働きをする熟語**

Introduction
【品詞の働き】

【記号説明】

・🎧001：「ダウンロード音声のファイル001を再生してください」という意味です。
・熟語中の（ ）：省略可能を表します。
・熟語中の［ ］：言い換え可能を表します。
・熟語中のA、B：語句（主に名詞・代名詞）が入ることを表します。
・熟語中のbe：be動詞が入ることを表します。be動詞は、主語の人称・時制によって変化します。
・熟語中のdo：動詞が入ることを表します。動詞は、主語の人称・時制によって変化します。
・熟語中のdoing：動詞の動名詞形または現在分詞形（-ing形）が入ることを表します。
・熟語中のoneself：再帰代名詞が入ることを表します。主語によって再帰代名詞は異なります。
・熟語中のA's：名詞・代名詞の所有格が入ることを表します。
・熟語中の「～」：節（主語＋動詞）が入ることを表します。
・❶：基本動詞・前置詞・副詞の用法の種類を表します。
・➕：熟語中の語彙の意味または定義中の追加説明を表します。
・🔟：その熟語の元々の意味を表します。
・≒：同意熟語・同意語または類義熟語・類義語を表します。
・⇔：反意熟語・反意語または反対熟語・反対語を表します。
・定義中の（ ）：補足説明を表します。
・定義中の［ ］：言い換えを表します。

1
最新のコーパスデータを
徹底分析!

試験に出る!
日常生活で使える!

大学入試のための熟語集である限り、「試験に出る」のは当然─。本書の目標は、そこから「実用英語」に対応できる熟語力をいかに身につけてもらうかにあります。見出し熟語の選定にあたっては、過去の入試問題のデータに加えて、最新の語彙研究であるコーパス*のデータを徹底的に分析。単に入試を突破するだけでなく、将来英語を使って世界で活躍するための土台となる「大学入試レベルのBasic熟語」が選ばれています。

*コーパス:実際に話されたり書かれたりした言葉を大量に収集した「言語テキスト・データベース」のこと。コーパスを分析すると、どんな単語・熟語がどのくらいの頻度で使われるのか、といったことを客観的に調べられるので、辞書の編さんの際などに活用されている。

2
「耳」と「目」を
フル活用して覚える!

だから

「聞く熟(キクジュク)」!
しっかり身につく!

「読む」だけでは、言葉は決して身につきません。私たちが日本語を習得できたのは、赤ちゃんのころから日本語を繰り返し「聞いてきた」から─本書は、この「当たり前のこと」にこだわり抜きました。本書では、音楽のリズムに乗りながら楽しく熟語の学習ができる「チャンツ音声」を用意。「耳」と「目」から同時に熟語をインプットしていきますので、「覚えられない」不安を一発解消。ラクラク暗記ができます!

本書では、過去の入試問題データと最新の語彙研究であるコーパスを基にして収録熟語を厳選していますので、「試験に出る」「日常生活で使える」ことは当然のことと考えています。その上で「いかに熟語を定着させるか」―このことを私たちは最も重視しました。ここでは、なぜ「出る・使える」のか、そしてなぜ「覚えられるのか」に関して、本書の特長をご紹介いたします。

3

1日16熟語×7週間、5つのチャプターで熟語をタイプ別に学習！

ムリなくマスターできる！

「継続は力なり」、とは分かっていても、続けるのは大変なことです。では、なぜ「大変」なのか？ それは、覚えきれないほどの量の熟語をムリに詰め込もうとするからです。本書では、「ゼッタイに覚える」ことを前提に、1日の学習熟語数をあえて16に抑えています。さらに、熟語を5つのタイプに分類し、チャプターごとに学習していきますので、ペースをつかみながら、効率的・効果的に熟語を身につけていくことができます。

4

生活スタイルで選べる3つの「モード学習」を用意！

1日最短2分、最長6分でOK！

今まで熟語集を手にしたとき、「どこからどこまでやればいいのだろう？」と思ったことはありませんか？ 見出し熟語と定義、フレーズ、例文……1度に目を通すのは、忙しいときには難しいものです。本書は、Check 1（熟語＋定義）→Check 2（フレーズ）→Check 3（センテンス）と、3つのチェックポイントごとに学習できる「モード学習」を用意。生活スタイルやその日の忙しさに合わせて学習量を調整することができます。

本書と音声の利用法

Check 1

見出し熟語とその意味をチェック。「英語→日本語→英語」の順にチャンツが収録されているので、聞いて発音してみましょう。余裕があれば、本で赤字以外の意味も押さえましょう。

Check 2

Check 2では、「フレーズ（単語の短いまとまり）※文も含む」の中で見出し熟語をチェック。音声を聞いて熟語が実際にどう使われるかを確認しましょう。熟語が覚えやすくなります。フレーズ中の赤い文字の部分が見出し熟語です。

Check 3

Check 3では、「文」の中で見出し熟語をチェック。音声でより実践的な例に触れてください。赤い文字の部分が見出し熟語です。ここまで勉強すると、「音」と「文字」でくり返し熟語に触れるので、より覚えやすくなります。

見出し熟語

1日の学習熟語数は16です。見開きの左側に学習熟語が掲載されています。チャンツでは上から順に熟語が登場します。最初の8つの熟語が流れたら、ページをめくって次の8つに進みましょう。

チェックシート

本書に付属のチェックシートは復習用に活用してください。Check 1では見出し熟語の定義が身についているか、Check 2と3では訳を参考にしながらチェックシートで隠されている熟語がすぐに浮かんでくるかを確認しましょう。

定義

見出し熟語の定義が掲載されています。熟語によっては複数の意味があるので、第1義以外の定義もなるべく覚えるようにしましょう。

Quick Review

前日に学習した熟語のチェックリストです。左ページに日本語、右ページに英語が掲載されています。

1日の学習量は4ページ、学習熟語数は16となっています。1つの見出し熟語につき、定義を学ぶ「Check 1」、フレーズ中で熟語を学ぶ「Check 2」、センテンス中で学ぶ「Check 3」の3つの「モード学習」が用意されています。まずは、該当の音声ファイルを呼び出して、「チャンツ音楽」のリズムに乗りながら見出し熟語と定義を「耳」と「目」で押さえましょう。時間に余裕がある人は、Check 2とCheck 3にもトライ!

こんなキミにオススメ!
3つの「学習モード」

*学習時間はあくまでも目安です。時間に余裕があるときは、チャンツをくり返し聞いたり、フレーズや文を声に出して読んだりして、なるべく多く熟語に触れるようにしましょう。

*チャンツには見出し熟語と赤字の意味のみが収録されています。

部活に恋に忙しいA君には!

聞くだけモード
Check 1

学習時間の目安:1日2分

とにかく忙しくて、できれば熟語学習は短時間で済ませたい人にオススメなのが、Check 1だけの「聞くだけモード」。該当の音声ファイルで「チャンツ音楽」を聞き流すだけでもOK。でも、時間があるときはCheck 2とCheck 3で復習も忘れずに!

けっこうマメなBさんには!

しっかりモード
Check 1 ▶ Check 2

学習時間の目安:1日4分

周囲からは「マメ」で通っているけれど、忘れっぽいのが玉にキズな人にオススメなのが、Check 1とCheck 2を学習する「しっかりモード」。声に出してフレーズを「音読」をすれば、定着度もさらにアップするはず。

自他ともに認める
完ぺき主義のC君には!

かんぺきモード
Check 1 ▶ Check 2 ▶ Check 3

学習時間の目安:1日6分

やるからには完ぺきにしなければ気が済まない人には「かんぺきモード」がオススメ。ここまでやっても学習時間の目安はたったの6分。できればみんな「かんぺきモード」でパーフェクトを目指そう!

ダウンロード音声について
本書のすべての音声は無料でダウンロードできます

パソコンでダウンロードする場合
下記の「アルク ダウンロードセンター」にアクセスの上、画面の指示に従って音声ファイルをダウンロードしてください。
https://portal-dlc.alc.co.jp/
※本書の商品コード(7023049)で検索してください。

スマートフォンでダウンロードする場合
下記のURLから学習用アプリ「booco」をインストールの上、ホーム画面下「さがす」の検索窓に本書の商品コード(7023049)を入れて検索し、音声ファイルをダウンロードしてください。
https://booco.page.link/4zHd

CHAPTER 1

基本動詞で覚える熟語

Chapter 1のスタートです！このChapterでは、基本動詞を使った熟語をマスターしていきます。まず最初に、Introductionのコーナーで、各動詞の意味と用法を軽く押さえてから、Day 1の学習をスタート！

英語でコレ言える？

あんたってホント怠け者ね！　少しは家事を手伝ってくれない？

What a lazy girl! (　　　) me (　　　) (　　　) with a bit of housework, will you?

答えは Day 3でチェック！

□ Introduction　基本動詞の意味と主な用法

動詞とその原意・用法の種類　＊用法の種類は厳密なものでなく、熟語の意味の違いで異なることもあります

動詞
go
▶ Day 1

原意：主語が話し手・聞き手の場所からほかの場所へ行く
用法の種類：❶移動　❷進行

動詞
come
▶ Day 1

原意：主語が話し手の場所へ来る・聞き手の場所へ行く
用法の種類：❶移動　❷出現　❸変化

動詞
take
▶ Day 2

原意：物を取る；話し手［聞き手］の場所から他の場所へ物を持って行く
用法の種類：❶獲得　❷受容　❸保持　❹移動

動詞
bring
▶ Day 3

原意：聞き手［話し手］の場所へ物を持って行く
用法の種類：❶持参　❷移動　❸到達

動詞
give
▶ Day 3

原意：物を人に与える
用法の種類：❶譲渡　❷発生

動詞
get
▶ Day 4

原意：ある状態に達する；物を所有する
用法の種類：❶到達　❷変化

動詞
have
▶ Day 4

原意：物を所有している
用法の種類：❶所有　❷使役

動詞
keep
▶ Day 5

原意：ある状態が続く；ある状態を続ける
用法の種類：維持

動詞
hold
▶ Day 5

原意：ある状態を保つ
用法の種類：❶維持　❷抑制

動詞
put
▶ Day 6

原意：ある場所・位置に置く
用法の種類：❶配置　❷移動　❸変化

動詞
set
▶ Day 6

原意：ある場所・位置に置く
用法の種類：❶配置　❷移動　❸変化

14 ▶ 15

continued ▼

各Dayの学習に入る前に、まずは基本動詞の意味と用法を軽く押さえておこう。あまり難しく考えず、各動詞の元々の意味（原意）と主な用法を大体の「イメージ」として覚えよう。

熟語の例　＊カッコ内の数字は見出し番号を表します

❶ go through A：A（苦しさなど）を経験［体験］する（001）
❷ go on：続ける（007）

❶ come across A：Aに（偶然）出会う（009）
❷ come from A：Aの出身である（010）
❸ come to do：～するようになる（014）

❶ take advantage of A：A（機会など）を利用する（017）
❷ take A for B：AをBだと思う（019）
❸ take place：行われる（024）
❹ take away A [A away]：Aを持ち［運び］去る（032）

❶ bring in A [A in]：A（資金・金額）を稼ぐ（033）
❷ bring out A [A out]：A（色・性質など）をはっきり出す（036）
❸ bring about A [A about]：A（破滅など）を引き起こす（038）

❶ give up：あきらめる（041）
❷ give rise to A：A（通例悪い事）を引き起こす（046）

❶ get to A：Aに到着する（049）
❷ get on：（バスなどに）乗る（051）

❶ have on A [A on]：A（服など）を身に着けている（057）
❷ have A do：Aに～させる（064）

keep A from doing：Aに～をさせない（ようにする）（065）

❶ hold on：（電話を切らないで）待つ（077）
❷ hold back A [A back]：A（人・物）を引き止める（079）

❶ put on A [A on]：A（服など）を身に着ける（081）
❷ put A into B：A（言葉など）をB（他国語）に翻訳する（087）
❸ put out A [A out]：A（火など）を消す（090）

❶ set up A [A up]：A（組織など）を設立［創設］する（091）
❷ set out：出発する（093）
❸ set in：（好ましくないことが）始まる（094）

continued
▼

□ Introduction

動詞とその原意・用法の種類

動詞 **make** ▶ Day 7	▶	**原意:** 物をある状態にする **用法の種類:** ❶製作　❷変化　❸行為	▶
動詞 **turn** ▶ Day 7	▶	**原意:** 回転する；物を回転させる **用法の種類:** ❶変化　❷転向	▶
動詞 **look** ▶ Day 8	▶	**原意:** 意識的に目を向ける	▶
動詞 **see** ▶ Day 8	▶	**原意:** 物が見える	▶
動詞 **watch** ▶ Day 8	▶	**原意:** 物をじっと見る	▶
動詞 **speak** ▶ Day 9	▶	**原意:** 言葉を発する；口にする	▶
動詞 **talk** ▶ Day 9	▶	**原意:** 気軽に言葉を発する	▶
動詞 **say** ▶ Day 9	▶	**原意:** ある内容を伝えるために話す	▶
動詞 **tell** ▶ Day 9	▶	**原意:** ある情報を言葉で伝える	▶

熟語の例

❶ make sense：(表現などが) 意味を成す (097)
❷ make sure：確かめる (102)
❸ make use of A：Aを利用 [使用] する (103)

❶ turn on A [A on]：A (テレビ・明かりなど) をつける (105)
❷ turn to A：Aに頼る (112)

look for A：Aを探す (113)

see to A：A (人・物・事) の世話をする (125)

watch out for A：Aに警戒する (127)

speaking of A：Aと言えば (129)

talk A into doing：Aを説得して〜させる (137)

needless to say：言うまでもなく (140)

tell A from B：AをBから区別 [識別] する (143)

Check 1　　Chants 🎧 001

□ 001
go through A
❶移動のgo
㉄Aを通り抜ける
▶

❶**A（苦しさなど）を経験[体験]する**（≒ experience）
❷（法案などが）A（議会など）を通過する
❸A（金・食料など）を使い果たす
❹Aを詳しく調査する
❺Aをよく練習[復習]する
▶

□ 002
go out
㉄出て行く
▶

❶(A [食事など] に) **外出する**（for A）；（～しに）出かける（doing [and do]）
❷（A [異性] と）交際する、つき合う（with A）
❸（火・電灯などが）消える（⇔ come [go] on）
❹（潮・水などが）引く
▶

□ 003
go into A
㉄Aに入る
▶

❶**A（職業など）に従事する**、就く、入る
❷Aを詳しく説明[調査]する
❸（時間・金が）Aに使われる、費やされる
❹A（木・壁など）にぶつかる、衝突する
▶

□ 004
go over A
㉄Aを越えて行く
▶

❶**Aを綿密に調べる**、捜索する
❷（go overで）（Aに）近づく（to A）；（～しに）行く（to do）
❸A（せりふなど）を繰り[読み]返す；Aを復習する
❹（go overで）（Aに）転向する（to A）
▶

□ 005
go by
㉄通り過ぎる
▶

❶（時などが）**経過する**（≒ pass）
❷（go by Aで）Aに従う、Aを順守する
❸（go by Aで）Aに基づいて判断[行動]する
▶

□ 006
go off
㉄立ち去る
▶

❶（爆弾などが）**爆発する**、発射される
❷（警報などが）鳴る、鳴りだす
❸（機械などが）止まる
❹（well、badlyなどの副詞[句]を伴って）（事が）進む、行われる
▶

□ 007
go on
❶進行のgo
㉄先へ進む、進み続ける
▶

❶（Aを）**続ける**（with A）；（～し）続ける（doing）（≒ continue）
❷続けて（～）する（to do）；（A [次の話題など] に）進む（to A）
❸起こる、行われる（≒ take place、happen）
▶

□ 008
go ahead
▶

❶**どんどん進む**；（Aより）先に行く（of A）
❷（命令文で）話を始めてください；お先にどうぞ；（許可を表して）どうぞ
❸（A [仕事など] を）進める、行う（with A）
▶

---

18 ▶ 19

continued
▼

いよいよDay 1のスタート！ 今日は、基本動詞goとcomeを使った熟語を押さえていこう。さっそくチャンツを聞いてみよう。

□ 聞くだけモード　Check 1
□ しっかりモード　Check 1 ▶ 2
□ かんぺきモード　Check 1 ▶ 2 ▶ 3

Check 2　Phrases 🎧 002

□ go through **a lot of hard-ships**（多くの苦難を経験する）
□ go through **customs**（税関を通過する）▶

□ go out **for dinner**（夕食に外出する）
□ go out **with him for a few months**（彼と数カ月、交際している）▶

□ go into **business**（実業界に入る）
□ go into **the matter**（その問題について詳しく説明する）▶

□ go over **the report**（報告書を綿密に調べる）
□ go over **to the door**（ドアの方へ行く）▶

□ **as years** go by（年がたつにつれて　➕このasは「〜するにつれて」という意味の接続詞）
□ go by **the rules**（規則に従う）▶

□ go off **with a loud noise**（大音響とともに爆発する）
□ go off **well**（うまくいく、成功する）▶

□ go on **with the negotiations**（交渉を続ける）
□ go on **talking**（話し続ける）▶

□ go ahead **of her**（彼女より先に進む）
□ go ahead **with the story**（話を進める）▶

Check 3　Sentences 🎧 003

□ **He has** gone through **a lot of difficulties.**（彼は多くの困難を経験してきた）

□ **I'm** going out **to a party tonight.**（私は今夜、パーティーに出かける予定だ）

□ **He wants to** go into **politics.**（彼は政界に入りたいと思っている）

□ **She** went over **her notes again before the test.**（彼女は試験の前にノートをもう1度読み直した）

□ **Summer vacation** went by **quickly.**（夏休みはあっという間に過ぎた）

□ **Fireworks** went off **all over the town last night.**（昨夜、町中で花火が打ち上げられた）

□ **You should** go on **with your work.**（あなたは自分の仕事を続けたほうがいい）

□ **"Can I borrow your dictionary?" "**Go ahead.**"**（「辞書を借りてもいいですか?」「どうぞ」）

continued ▼

Check 1　Chants 🎧 001

□ 009
come across A
❶移動のcome
㊪Aを渡って来る

▶

❶**Aに（偶然）出会う**、出くわす、Aを偶然見つける（≒ run across A、run into A）
❷(come acrossで)（Aという）印象を与える（as A）
❸(come acrossで)（話などが）理解される

▶

□ 010
come from A
❶出現のcome
㊪Aから来る

▶

❶**Aの出身である**；(物が) Aの産物である、Aの製品である
❷Aから生じる、Aに由来する　➕derive from Aよりくだけた表現

▶

□ 011
come up with A
㊪Aとともにやって来る

▶

❶**A（考えなど）を思いつく**、提案する（≒ hit on [upon] A）　➕「（考えなどが）Aの心に（ふと）浮かぶ」はoccur to A
❷A（金）を提供する

▶

□ 012
come out
㊪出て来る、現れる

▶

❶(ニュースなどが)**明らかとなる**、広まる
❷(本などが) 出版される；(商品が) 市場 [店頭] に出る
❸考え [態度] を明らかにする
❹(染みなどが)（Aから）落ちる（of A）

▶

□ 013
come about

▶

起こる、生じる（≒ happen）

▶

□ 014
come to do
❶変化のcome

▶

～するようになる（≒ get to do）　➕習得の結果「～するようになる」はlearn to do

▶

□ 015
come true
➕true＝真実の、本当の

▶

(夢などが)**実現する**、本当になる

▶

□ 016
come to an end
➕end＝終わり
㊪終わりに来る

▶

終わる、終わりになる　➕bring A to an endは「Aを終わらせる、済ませる」

▶

Check 2　　Phrases 🎧 002

□ come across **an old friend**（旧友に偶然出会う）

□ come across **a picture of him**（彼の写真を偶然見つける）

□ come from **Osaka**（大阪の出身である）

□ come up with **an idea**（アイデアを思いつく）

□ come up with **millions of dollars**（何百万ドルもの大金を提供する）

□ **The news** came out **that ~.**（~というニュースが明らかになった）

□ come out **against racism**（人種差別反対の態度を明らかにする）

□ come about **because of A**（Aが原因で生じる）

□ **How did A** come about?（どうしてAが起きたのか？）

□ come to **know her**（彼女と知り合いになる）

□ **like a dream** come true（まるで夢のようだ）

□ come to a **good [bad] end**（よい［悪い］結果となる）

Check 3　　Sentences 🎧 003

□ **I** came across **my ex-girlfriend last night.**（私は昨晩、前の彼女に偶然会った）

□ **"Where do you** come from?**" "Japan."**（「出身はどちらですか？」「日本です」）

□ **They tried to** come up with **a solution to the problem.**（彼らはその問題への解決策を思いつこうと努力した）

□ **The author's new book will** come out **next week.**（その作家の新作が来週出版される）

□ **How did this change** come about?（どうしてこの変更が起きたのですか？）

□ **How did you** come to **know each other?**（あなたたちはどうやって知り合いになったのですか？）

□ **At last his dream** came true.（ついに彼の夢は実現した）

□ **His soccer career** came to an end **after 10 seasons.**（10シーズンを終え、彼のサッカー選手歴は終わりを迎えた）

Day 2

動詞
take

Check 1　Chants 🎧 004

□ 017
take advantage of A
❶獲得のtake
➕advantage＝有利

❶**A（機会など）を利用する**
❷A（人の親切など）につけ込む

□ 018
take in A [A in]
🔄Aを中に入れる

❶**Aを理解する**、A が分かる
❷A（金など）を集める、得る
❸A（車など）を（修理などに）持ち込む
❹A（客など）を泊める、受け入れる
❺Aをだます（≒deceive）

□ 019
take A **for** B
❶受容のtake
🔄AをBとして受け取る

❶**AをBだと思う**
❷誤ってAをBだと思い込む（≒mistake A for B）

□ 020
take over A [A over]
🔄Aを持って行く

❶**A（職務など）を（Bから）引き継ぐ**（from B）（≒succeed）
❷Aの支配権を得る、Aを乗っ取る

□ 021
take the place of A
＝take A's place
➕place＝役目、役割

Aの代わりをする、Aに取って代わる（≒substitute for A、replace）

□ 022
take it [things] **easy**
➕easy＝のんきに、気楽に

❶**のんびりする**
❷（命令文で）興奮するな、落ち着いて
❸（命令文で）じゃあね　➕別れのあいさつ

□ 023
take A **for granted**
➕grant＝〜を認める

❶**Aを当然のことと思う**
❷（take it for granted that 〜で）〜だということを当然のことと見なす　➕このitはthat節を受ける仮目的語

□ 024
take place
❶保持のtake
➕place＝場所

行われる、開催される；起こる、生じる　➕通例「予定されていた行事が行われる、起こる」を表す。happen、occurは「偶然起こる、生じる」

continued ▼

今日は基本動詞 take の熟語をチェック！
Check 1 で意味を押さえたら、Check 2、3 でしっかりと定着させよう。

□ 聞くだけモード　Check 1
□ しっかりモード　Check 1 ▶ 2
□ かんぺきモード　Check 1 ▶ 2 ▶ 3

Check 2　Phrases 🎧 005

□ take advantage of **every opportunity**（あらゆる機会を利用する）
□ take advantage of **his weakness**（彼の弱みにつけ込む）

□ take in **what he says**（彼の言うことを理解する）
□ take in **$200 at the garage sale**（ガレージセールで200ドルを得る）

□ take it for **the truth**（それを真実だと思う）
□ take **him** for **a doctor**（彼を医者だと思い込む）

□ take over **his post**（彼の地位を引き継ぐ）
□ take over **the world**（世界を支配する）

□ take the place of **him** = take **his** place（彼の代わりをする）

□ take it easy **tonight**（今夜はのんびり過ごす）
□ **"See you then." "Yeah,** take it easy.**"**（「また今度ね」「ええ、じゃあね」）

□ take **good health** for granted（健康を当然のことと思う）

□ take place **every four years**（4年ごとに行われる）

Check 3　Sentences 🎧 006

□ **Shoppers** took advantage of **the sale prices.**（買い物客たちはセール価格を利用した）

□ **When I won the lottery, I was too surprised to** take in **what had happened.**（宝くじに当たったとき、あまりに驚いたので私は何が起きたのか分からなかった）

□ **Don't** take **me** for **a fool.**（私をばかだと思わないでください）

□ **I** took over **the job from her while she was on maternity leave.**（彼女が出産育児休暇の間、私はその仕事を彼女から引き継いだ）

□ **No one can** take the place of **him on this baseball team.**（この野球チームで彼の代わりをできる人はいない）

□ **I'll** take it easy **this weekend.**（私はこの週末はのんびりするつもりだ）

□ **I** take **her failure** for granted.（私は彼女の失敗を当然だと思っている）

□ **The concert** took place **on schedule.**（そのコンサートは予定通りに行われた）

continued
▼

Check 1　　Chants 🎧 004

□ 025
take A's time

ゆっくり [のんびり] **やる**、自分のペースでやる　⊕
「ゆっくり慎重にやる」というニュアンス

□ 026
take [have] a look at A
⊕look＝見ること；注視

Aを（ちらっと）見る

□ 027
take up A [A up]
🔄Aを取り上げる

❶**A（場所・時間）を占める**、取る
❷A（趣味・仕事など）を始める、Aに取りかかる
❸A（問題など）を取り上げる
❹A（申し出・挑戦）を受け入れる、受けて立つ
❺A（任務・地位など）に就く

□ 028
take care of A
⊕care＝世話；注意

❶**Aの世話をする**、面倒を見る（≒ care for A、look after A、see to A、watch over A）
❷Aに気を配る、Aを大事にする
❸Aを処理する、始末する

□ 029
take part in A
⊕part＝参加、関与

A（催し物・大会など）に参加する（≒ participate in A、join in A）

□ 030
take off A [A off]
🔄Aを取り去る

❶**A（衣服など）を脱ぐ**：A（眼鏡など）を外す（⇔ put on A）
❷(take offで)（飛行機が）離陸する
❸(take offで) 急いで立ち去る [出発する]
❹A（ある期間・日）を休暇として取る

□ 031
take pride in A
⊕pride＝誇り

Aを誇りに思う、Aを自慢する（≒ be proud of A）

□ 032
take away A [A away]
❗移動のtake

❶**A を（Bから）持ち [運び] 去る**、取り上げる（from B）
❷A（痛みなど）を取り除く
❸A（飲食物）を持ち帰る　⊕英国用法。米国では take out Aを用いる
❹A（食器）を片づける

| Day 1 🎧 001
Quick Review
答えは右ページ下 | □ Aを経験する
□ 外出する
□ Aに従属する
□ Aを綿密に調べる | □ 経過する
□ 爆発する
□ 続ける
□ どんどん進む | □ Aに出会う
□ Aの出身である
□ Aを思いつく
□ 明らかとなる | □ 起こる
□ ～するようになる
□ 実現する
□ 終わる |

Check 2　Phrases 🎧 005

□ Take **your** time. (ゆっくりやって
ください)

□ take a **close** look at **A** (Aを丹念
に見る)

□ take up **too much time** (あまり
に多くの時間がかかる)
□ take up **swimming** ([趣味とし
て] 水泳を始める)

□ take care of **a baby** (赤ちゃんの
世話をする)
□ take care of **a problem** (問題を
処理する)

□ take part in **volunteer activi-
ties** (ボランティア活動に参加する)

□ take off **a coat** (コートを脱ぐ)
□ take off **for Sydney** (シドニーへ
向けて離陸する [出発する])

□ take pride in **the fact that 〜**
(〜ということを誇りに思う)

□ take **the gun** away from the
man (男から銃を取り上げる)
□ take away **her pain** (彼女の痛み
を取り除く)

Check 3　Sentences 🎧 006

□ **You should** take **your** time **to do
the job properly.** (時間をかけて仕事を適切
にこなしたほうがいい)

□ Take a **good** look at **the report.** (報
告書にしっかり目を通してください)

□ **My mother** took up **the violin at
the age of 30.** (母は30歳の時にバイオリンを
始めた)

□ **He** took care of **his wife during
her illness.** (妻が病気の間、彼は彼女の世話
をした)

□ **About 800 workers** took part in
the demonstration. (約800人の労働者が
そのデモに参加した)

□ **Japanese people** take off **their
shoes when entering their homes.**
(日本人は家に入るときに靴を脱ぐ)

□ **He** takes pride in **his job.** (彼は自分の
仕事を誇りに思っている)

□ **The teacher** took **the student's
smartphone** away. (その先生はその生徒の
スマートフォンを取り上げた)

□ go through A
□ go out
□ go into A
□ go over A
□ go by
□ go off
□ go on
□ go ahead
□ come across A
□ come from A
□ come up with A
□ come out
□ come about
□ come to do
□ come true
□ come to an end

Check 1　　Chants 🎧 007

□ 033
bring in A [A in]
❶持参のbring
🐤Aを持ち込む

❶A（資金・金額）**を稼ぐ**、A（利益・収入）をもたらす
❷A（人）を参加させる；Aを導入する

□ 034
bring up A [A up]
🐤Aを持ち上げる

❶A（子ども）**を育てる**、養育する（≒raise）
❷A（議題・問題など）を持ち出す、提出する
❸Aを起訴する
❹A（食べ物）を吐く、戻す（≒throw up A、vomit）

□ 035
bring back A [A back]
❶**A を**（B［持ち主］に）**返す**（to B）；Aを（B［人］に）持って［買って］帰る（for B）
❷Aを（B［人］に）思い出させる（to B）
❸A（旧制度）を回復させる

□ 036
bring out A [A out]
❶移動のbring
🐤Aを取り出す

❶A（色・性質など）**をはっきり出す**
❷A（真相など）を明らかにする
❸A（才能など）を引き出す
❹A（新製品など）を出す、A（本）を出版する

□ 037
bring oneself to do

（通例否定文で）**～する気になる**

□ 038
bring about A
[A about]
❶到達のbring

A（破滅など）**を引き起こす**、生じさせる（≒cause）

□ 039
bring A to life
➕life＝生命

❶**A を生き返らせる**　➕come to lifeは「生き返る、意識を取り戻す；活気を呈する」
❷Aを生き生き［面白く］させる、活気づかせる

□ 040
bring A to an end
➕end＝終わり

A を終わらせる、済ませる　➕come to an endは「終わる、終わりになる」

26 ▸ 27

continued
▾

「聞く」だけではなかなか覚えられない。声に出して読む「音読」も取り入れてみよう。それでは、基本動詞bringとgiveに挑戦！

□ 聞くだけモード　Check 1
□ しっかりモード　Check 1 ▶ 2
□ かんぺきモード　Check 1 ▶ 2 ▶ 3

CHAPTER
1

CHAPTER
2

CHAPTER
3

CHAPTER
4

CHAPTER
5

Check 2　Phrases 🎧 008

□ **bring in $10 million** (1000万ドルを稼ぐ)
□ **bring in new technology** (新しい技術を導入する)

□ **be badly brought up** (しつけ[育ち]が悪い)
□ **bring up an idea** (アイデアを提出する)

□ **bring her dictionary back to her** (彼女に彼女の辞書を返す)
□ **bring back memories to A** ([事が] A [人] に記憶を呼び戻させる)

□ **bring out the flavor** (風味を引き出す)
□ **bring out new products** (新製品を出す)

□ **can't bring oneself to do** (〜する気になれない)

□ **bring about a catastrophe** (大惨事をもたらす)

□ **bring the dead to life** (死者を生き返らせる)
□ **bring characters to life** (登場人物たちを生き生きと描く)

□ **bring the war to an end** (戦争を終わらせる)

Check 3　Sentences 🎧 009

□ **The movie will bring in a lot of money.** (その映画は大金を稼ぎ出すだろう)

□ **She brought up two boys by herself.** (彼女はひとりで2人の男の子を育てた)

□ **I promised to bring his book back by Friday.** (私は金曜日までに彼の本を返すと約束した)

□ **The attorney brought out new evidence.** (その弁護士は新しい証拠を明らかにした)

□ **She couldn't bring herself to trust him.** (彼女は彼を信じる気になれなかった)

□ **These reforms will bring about a great change in our lives.** (これらの改革は私たちの生活に大きな変化をもたらすだろう)

□ **The rescue team brought the man to life.** (レスキュー隊はその男性を蘇生させた)

□ **The government tried to bring deflation to an end.** (政府はデフレを終わらせようとした)

continued
▼

Check 1　　Chants 🎧 007

□ 041
give up
❶譲渡のgive

▶

❶**あきらめる**；降参する；(give up A [A up] で) A を
あきらめる
❷(give up A [A up] で) A をやめる
❸(give up A [A up] で) A を (B に) 引き渡す (to B)
❹(give up A [A up] で) A (人) と関係を絶つ

▶

□ 042
give away A [A away]

▶

❶**A を (B に) ただで [贈り物として] 与える** (to B)
❷A (人) の正体を暴露する
❸(不注意などで) A (好機など) をふいにする、逸する
❹(結婚式で父親が) A (新婦) を新郎に引き渡す

▶

□ 043
give out A [A out]

▶

❶**A を (B [複数の人] に) 配る**、分配する (to B)
❷(give out で) (物質・能力などが) 尽きる；(機能が) 停
止する
❸(give out で) (人が) 疲れ果てる

▶

□ 044
give in

▶

(A に) **屈する**、降参する (to A) (≒ yield、surrender)

▶

□ 045
give [lend] A a hand

▶

A に手を貸す、A を手伝う

▶

□ 046
give rise to A
❶発生のgive
➕rise＝出現、発生

▶

A (通例悪い事) を引き起こす、A の原因となる (≒
give birth to A、cause)

▶

□ 047
give birth to A
➕birth＝出生；起源

▶

❶**A (子) を産む**
❷A (物・事) を生み出す、起こす；A の原因となる (≒
give rise to A)

▶

□ 048
give off A

▶

A (におい・光・熱・音など) を発する、放つ (≒ emit、
release)；A (雰囲気など) を漂わせる

▶

Day 2 🎧 004
Quick Review
答えは右ページ下

□ A を利用する
□ A を理解する
□ A を B だと思う
□ A を引き継ぐ

□ A の代わりをする
□ のんびりする
□ A を当然のことと思う
□ 行われる

□ ゆっくりやる
□ A を見る
□ A を占める
□ A の世話をする

□ A に参加する
□ A を脱ぐ
□ A を誇りに思う
□ A を持ち去る

Check 2　　Phrases 🎧 008

□ I give up. (分かりません ❶考えても分からないときの言葉)
□ give up eating late night snacks (夜食をやめる)

□ give away prizes (賞品を与える)
□ give away an opportunity (好機を逸する)

□ give out copies of the documents (書類のコピーを配る)
□ give out halfway (途中で尽きる；途中で停止する)

□ give in to temptation (誘惑に負ける)

□ give him a hand with his homework (彼の宿題を手伝う)

□ give rise to a misunderstanding (誤解を生む)

□ give birth to a baby (赤ちゃんを産む)

□ give off a strong smell (強いにおいを発する)
□ give off poisonous gases (有毒ガスを放出する)

Check 3　　Sentences 🎧 009

□ He has given up any hope of buying that car. (彼はその車を買いたいという望みをあきらめた)

□ The store gave away a free gift to the first 100 customers. (その店は先着100名の客に景品を渡した)

□ He gave out the handouts to those present at the meeting. (彼は資料を会議の出席者に配った)

□ We must not give in to the terrorists' demands. (私たちはテロリストたちの要求に屈してはならない)

□ You should give your parents a hand with the housework. (あなたは両親の家事を手伝ったほうがいい)

□ The publication of the book gave rise to a serious controversy. (その本の出版は大論争を引き起こした)

□ At 10 p.m., my wife gave birth to a 3,000-gram baby boy. (午後10時に、私の妻は3000グラムの男の子を産んだ)

□ The flower gives off a sweet fragrance. (その花は甘い香りを発している)

Day 2 🎧 004
Quick Review
答えは左ページ下

□ take advantage of A　□ take the place of A　□ take A's time　□ take part in A
□ take in A　　　　　　□ take it easy　　　　　□ take a look at A　□ take off A
□ take A for B　　　　　□ take A for granted　　□ take up A　　　　□ take pride in A
□ take over A　　　　　□ take place　　　　　　□ take care of A　　□ take away A

Check 1　　Chants 🎧 010

□ 049
get to A
❗到達のget

❶**Aに到着する**（≒ arrive at A）
❷A（人）に連絡を取る
❸A（仕事など）を始める
❹Aを悩ます、怒らせる

□ 050
get along with A
🔒Aと一緒に進む

❶**A（人）と仲よくやっていく**
❷Aを使って［Aのおかげで］何とかやっていく
❸A（仕事など）に関してうまくいく

□ 051
get on
❗変化のget

❶(バスなどに) **乗る**（⇔ get off）；(get on Aで) A（バスなど）に乗る
❷(A［仕事など］を) 続ける（with A）
❸(A［人］と) 仲よくやっていく（with A）
❹(Aで) 成功する（in A）

□ 052
get rid of A
➕rid = rid（～から取り除く）の過去分詞形

❶**Aを片づける**、取り除く（≒ dispose of A、do away with A）
❷Aを売り払う
❸Aから抜け出す、脱する

□ 053
get off

❶(バスなどから) **降りる**（⇔ get on）；(get off Aで) A（バスなど）から降りる
❷(1日の) 仕事を終える；(get off Aで) A（仕事）を終える
❸(A［軽い罰など］で) 逃れる（with A）

□ 054
get through A
🔒Aを通り抜ける

❶**A（困難など）を切り抜ける**
❷(get through で) (Aに) 電話が通じる（to A）
❸(法案などが)A(議会など)を通過する；(試験)に合格する
❹(get A through Bで) AにBを切り抜けさせる
❺A（仕事など）を終える

□ 055
get over A
🔒Aを渡る

❶**A（悲しみなど）から立ち直る**
❷A（病気など）から回復する（≒ recover from A）
❸A（困難など）を克服する（≒ overcome）
❹(canを伴う否定文で) Aを信じられない、Aに非常に驚く

□ 056
get lost

❶**道に迷う**、迷子になる（≒ lose A's way）
❷(命令文で) (さっさと) 消え失せろ

continued
▼

「三日坊主」にならないためにも、今日のDay 4 の学習は重要！ 時間がなければCheck 1だけでもOK。「継続」を大切に！

□ 聞くだけモード　Check 1
□ しっかりモード　Check 1 ▶ 2
□ かんぺきモード　Check 1 ▶ 2 ▶ 3

CHAPTER 1

CHAPTER 2

CHAPTER 3

CHAPTER 4

CHAPTER 5

Check 2　Phrases 🎧 011

□ get to Tokyo（東京に到着する）
□ get to work（仕事に取りかかる）

□ get along with the neighbors（隣人たちといい関係にある）
□ get along with his help（彼の援助のおかげで何とかやっていく）

□ get on a bus（バスに乗る）
□ get on with the job（仕事を続ける）

□ get rid of the debt（借金を片づける[完済する]）
□ get rid of a bad habit（悪習から抜け出す）

□ get off at the next bus stop（次のバス停で降りる）
□ get off work（仕事を終える）

□ get through the difficulties（難局を切り抜ける）
□ get through to an operator（オペレーターに電話が通じる）

□ get over the shock（ショックから立ち直る）
□ get over the illness（病気から回復する）

□ get lost in the woods（森の中で道に迷う）

Check 3　Sentences 🎧 012

□ I caught the train and got to my destination around midnight.（私は電車に間に合って、真夜中近くに目的地に到着した）

□ She doesn't get along with her boss at all.（彼女は上司と全くうまくいっていない）

□ I have to get on the early train tomorrow.（私は明日、早朝の電車に乗らなければならない）

□ This pill will get rid of your headache.（この錠剤があなたの頭痛を取り除いてくれるだろう）

□ I got off the train at Shin-Osaka Station.（私は新大阪駅で列車を降りた）

□ He got through the entrance exam.（彼は入試に合格した）

□ Did you get over your cold?（風邪は治りましたか?）

□ He told her to call him if she gets lost.（道に迷ったら電話をするよう彼は彼女に言った）

continued
▼

Check 1   Chants 🎧 010

□ 057
have on A [A on]
❶所有のhave

❶**A（服など）を身に着けている**（≒wear） ➕「A を身に着ける」という動作はput on A [A on]
❷A（約束・仕事など）の予定がある
❸（have nothing on Aで）Aに勝るところは少しもない、太刀打ちできない

□ 058
have access to A
➕access＝利用する権利

Aを利用 [入手] できる、Aに出入り [接近] できる、Aに面会できる

□ 059
have no idea
➕idea＝知識、理解

全く分からない

□ 060
have A in common
➕common＝共通の

Aを（Bと）共通に持つ（with B）、Aの点で共通である

32 ▶ 33

□ 061
have a good [great] time

楽しい [素敵な] 時を過ごす

□ 062
have nothing to do with A

Aと関係 [関連、取引] がない（⇔have something to do with A）

□ 063
have something to do with A

Aと関係 [関連、取引] がある（⇔have nothing to do with A）

□ 064
have A do
❶使役のhave

Aに～させる、**～してもらう**（≒get A to do、talk A into doing、persuade A to do [into doing]） ➕make A do よりも弱いニュアンス

Day 3 🎧 007
Quick Review
答えは右ページ下

□ Aを稼ぐ
□ Aを育てる
□ Aを返す
□ Aをはっきり出す

□ ～する気になる
□ Aを引き起こす
□ Aを生き返らせる
□ Aを終わらせる

□ あきらめる
□ Aをただで与える
□ Aを配る
□ 屈する

□ Aに手を貸す
□ Aを引き起こす
□ Aを産む
□ Aを発する

Check 2　Phrases 🎧 011

☐ have **nothing** on（何も着ていない；何も予定がない）

☐ have access to **a computer**（コンピューターを利用できる）
☐ have access to **the library**（図書館に出入りできる）

☐ have no idea **what it means**（それが何を意味するか全く分からない）

☐ have **something [nothing]** in common（共通点がいくらかある [何もない]）

☐ have a good time **at the party**（パーティーで楽しい時を過ごす）

☐ have nothing to do with **the crime**（その犯罪と関係がない）

☐ have something to do with **the murder case**（その殺人事件に関与している）

☐ have **her** go there（彼女にそこへ行かせる）
☐ have **a mechanic** fix the car（修理工に車を直してもらう）

Check 3　Sentences 🎧 012

☐ **She** had **a beautiful dress** on.（彼女は美しいドレスを着ていた）

☐ **We** have access to **huge amounts of information** on the internet.（私たちはインターネット上で莫大な量の情報を入手できる）

☐ **I** had no idea **what he was talking about.**（私は彼が何のことを話しているのか全く分からなかった）

☐ **My wife and I** have **a lot** in common.（妻と私は共通点が多い）

☐ **I** had a good time **on my holiday in Hawaii.**（私はハワイでの休暇で楽しい時を過ごした）

☐ **I** have nothing to do with **him.**（私は彼とは何の関係もない）

☐ **He** had something to do with **her disappearance.**（彼は彼女の失踪に関与していた）

☐ **I** had **my friend** help me with my homework.（私は友人に宿題を手伝ってもらった）

Check 1　　Chants 🎧 013

□ 065
keep A from doing
❶維持のkeep

Aに〜をさせない（ようにする）（≒ stop A from doing）　➕prevent A from doing よりくだけた表現

□ 066
keep track of A
➕track＝軌道、進路

Aを見失わないようにする：Aの進路［進歩］を追う（⇔ lose track of A）

□ 067
keep up with A
元Aを相手に倒れないでいる

A（人・流行など）に遅れないでついていく（≒ keep pace with A）　➕catch up with Aは「Aに追いつく」

□ 068
keep on

❶（〜し）**続ける**（doing）（≒ continue）　➕keep doing よりも「頑固に続ける、話し手がいら立つほど続ける」というニュアンス
❷（keep on A [A on] で）A（人）を雇い続ける

□ 069
keep [bear] A in mind
➕mind＝心、精神

Aを覚えている、覚えておく、心にとどめておく（≒ remember）　➕「将来、自分に役立つことや、自分に影響を及ぼすことを覚えておく」というニュアンス。have A in mindは「Aを考えて［計画して］いる」

□ 070
keep [stay] in touch with A
➕touch＝連絡、接触

Aと連絡を取り合っている　➕get in touch with Aは「Aと連絡を取る、接触する」

□ 071
keep pace with A
➕pace＝歩調、速度

A（進歩など）に遅れないようについていく（≒ keep up with A）

□ 072
keep out A [A out]

❶**Aを中に入れない**：A（製品など）を締め出す、排斥する
❷（keep out で）中に入らない

continued
▼

keepとholdの基本的な用法は「維持」と「抑制」。動詞のニュアンスを感じながら熟語をマスターしていこう！

□ 聞くだけモード　Check 1
□ しっかりモード　Check 1 ▶ 2
□ かんぺきモード　Check 1 ▶ 2 ▶ 3

Check 2　Phrases 🎧 014

□ keep her from going there
（彼女にそこへ行かせない）

□ keep track of him（彼を見失わないようにする）
□ keep track of the time（時流に乗り遅れないようにする）

□ keep up with fashion（流行に遅れないでいる）

□ keep on crying（泣き続ける）

□ keep (it) in mind that 〜（〜ということを覚えておく）

□ keep in touch with him（彼と連絡を取り合っている）

□ keep pace with changes（変化に遅れないようにする）

□ keep out foreign products（外国製品を締め出す）
□ Keep out!（立ち入り禁止！）

Check 3　Sentences 🎧 015

□ The movie was so boring that she could hardly keep herself from falling asleep.（映画があまりに退屈だったので、彼女は眠りに落ちるのを止められなかった）

□ You should keep track of your money.（あなたはお金の出入りを管理したほうがいい）

□ He reads the newspaper every day to keep up with current events.（彼は毎日、最近の出来事に遅れないよう新聞を読んでいる）

□ You should keep on studying if you want to pass the entrance exam.（入試に合格したいのなら、勉強を続けなければならない）

□ Please keep the following in mind.（以下のことを覚えておいてください）

□ We've kept in touch with each other for years.（私たちは何年間も連絡を取り合っている）

□ He couldn't keep pace with the other runners.（彼はほかのランナーたちについていくことができなかった）

□ She closed the window to keep out drafts.（彼女はすきま風が入ってこないように窓を閉めた）

continued
▼

Check 1   Chants 🎧 013

□ 073
keep from A
🟥Aから遠ざかる

Aを差し控える、慎む ➕refrain from A、abstain from Aよりくだけた表現

□ 074
keep to A
🟥Aから離れないでいる

❶A（道・進路など）から外れないでいる
❷A（目的など）を貫く、固守する
❸A（規則・約束など）に従う、Aを固守する
❹A（話題など）から脱線しない

□ 075
keep away

(Aに) 近づかない、(Aを) 避ける (from A) (≒stay away)；(keep away A [A away]で) Aを(Bから)遠ざける、Aを(Bに)近づけない (from B)

□ 076
keep A to oneself

❶A（計画・考えなど）を秘密にしておく、Aを人に話さないでおく
❷A（物）を独占する

□ 077
hold on
❶維持のhold
🟥続けていく

❶（しばしば命令文で）（電話を切らないで）待つ (≒hang on)；止まる
❷(Aを) しっかりつかみ続ける (to A)
❸(Aを) 手放さない、売らずにおく (to A)
❹（困難な状況で）頑張る、耐える

□ 078
hold up A [A up]
🟥A（手など）を上げる

❶Aを支える、支持する (≒support)
❷Aを遅らせる、妨げる (≒delay)
❸A（人・場所など）を襲って強奪する
❹(hold upで) 耐える、持ちこたえる

□ 079
hold back A [A back]
❶抑制のhold
🟥Aを引っ込める

❶A（人・物）を引き止める、抑止する
❷A（感情など）を抑える (≒control)
❸A（発展・進歩など）を遅らせる
❹A（情報など）を秘密にしておく (≒hide)

□ 080
hold down A [A down]
🟥Aを押さえつける

❶A（価格など）を抑制する、抑える (≒restrain)
❷A（1つの仕事）を頑張って続ける；A（地位など）を保持する ➕「長期にわたって続ける、維持する」というニュアンス
❸A（人）を支配する

Day 4 🎧 010
Quick Review
答えは右ページ下

□Aに到着する
□Aと仲よくやっていく
□乗る
□Aを片づける
□降りる
□Aを切り抜ける
□Aから立ち直る
□道に迷う
□Aを身に着けている
□Aを利用できる
□全く分からない
□Aを共通に持つ
□楽しい時を過ごす
□Aと関係がない
□Aと関係がある
□Aに～させる

Check 2　Phrases 🎧 014

□ keep from **drinking**（酒を控える）

□ keep to **the left lane**（左車線から外れないで進む）
□ keep to **the rules**（規則に従う）

□ keep away **from danger**（危険を避ける）

□ keep **the secret** to **oneself**（秘密を人に話さないでおく）

□ **Hold on** a minute.（しばらくお待ちください）
□ hold on **to a strap**（つり革につかまる）

□ hold up **the wall**（壁を支える）
□ **be** held up **at work**（仕事で遅れる）

□ hold back **the demonstrators**（デモ参加者たちを制御する）
□ hold back **a laugh**（笑いを抑える）

□ hold down **costs**（経費を抑える）
□ hold down **a job**（[辞めないで] 仕事を続ける）

Check 3　Sentences 🎧 015

□ **I covered my mouth to** keep from **laughing.**（私は笑いをこらようと口を押さえた）

□ **You should** keep to **the deadline.**（締め切り日は守らなければならない）

□ Keep away **from me!**（私に近寄らないで！）

□ **Please** keep **this** to **yourself.**（このことは秘密にしておいてください）

□ **"May I speak to Tom?" "**Hold on.**"**（「トムをお願いします」「お待ちください」）

□ **The roof is** held up **by pillars.**（その屋根は柱で支えられている）

□ **She tried to** hold back **tears.**（彼女は涙をこらえようとした）

□ **The government is trying to** hold down **prices.**（政府は物価を抑制しようとしている）

□ get to A	□ get off	□ have on A	□ have a good time
□ get along with A	□ get through A	□ have access to A	□ have nothing to do with A
□ get on	□ get over A	□ have no idea	□ have something to do with A
□ get rid of A	□ get lost	□ have A in common	□ have A do

Check 1　Chants 🎧 016

□ 081
put on A [A on]
❶配置のput
🔄Aを乗せる

❶A（服など）**を身に着ける**（⇔take off A）➕「Aを身に着けている」という状態は have on A [A on]、wear
❷A（機械）を動かす、働かす
❸A（音楽など）をかける
❹A（態度）を装う、Aのふりをする（≒pretend）

□ 082
put together A
[A together]
🔄Aを寄せ集める

❶A（考え・計画など）**をまとめる**、まとめて結論を出す　➕「情報や考えなどを集めてまとめる」というニュアンス
❷A（部品など）を組み立てる（≒construct）；A（物）を部分から組み立てる

□ 083
put forward A
[A forward]
🔄Aを前の方へ出す

❶A（意見・案など）**を提出する**、出す
❷A（人）を（Bに）推薦［指名］する（as [for] B）

□ 084
put down A [A down]
🔄Aを下に置く

❶A**を書き留める**（≒write down A、get down A、set down A）
❷A（反乱など）を鎮圧する（≒suppress、subdue）
❸A（人）をけなす、こき下ろす
❹A（頭金）を払う

□ 085
put up with A

Aを我慢する、Aに耐える　➕bear、endure、tolerate よりくだけた表現

□ 086
put an end to A
➕end＝終わり

Aを終わらせる、やめさせる、廃止する、Aに終止符を打つ　➕finish、stopよりフォーマルな表現

□ 087
put A into B
❶移動のput
🔄AをBの中へ入れる

❶A（言葉など）**をB（他国語）に翻訳する**、言い換える　➕translate A into Bよりくだけた表現
❷A（考えなど）をB（言葉など）で表現する

□ 088
put off A [A off]
🔄Aを取り去る

❶A**を（Bまで）延期する**（till [until] B）　➕postpone、delayよりくだけた表現
❷A（～するの）を遅らせる（doing）
❸Aに嫌悪感を持たせる；Aに興味［食欲］を失わせる
❹Aを待たせる、退ける

continued
▼

putとsetの意味はほとんど同じ。「置く」という原意からどのような意味が派生しているか確認しながら、熟語を楽しんでみよう！

□ 聞くだけモード　Check 1
□ しっかりモード　Check 1 ▶ 2
□ かんぺきモード　Check 1 ▶ 2 ▶ 3

Check 2　Phrases 🎧 017

□ put on A's hat（帽子をかぶる）
□ put music on（音楽をかける）

□ put together a proposal（提案をまとめる）
□ put together an engine（エンジンを組み立てる）

□ put forward a new plan（新しい計画を提出する）
□ put her forward as chair-person（彼女を議長に推薦する）

□ put down her phone number（彼女の電話番号を書き留める）
□ put down a revolt（反乱を鎮圧する）

□ put up with his arrogance（彼のごう慢さに耐える）

□ put an end to capital punish-ment（死刑を廃止する）

□ put an English novel into Japanese（英語の小説を日本語に翻訳する）

□ put off the meeting（会議を延期する）
□ put off making a decision（決定を先送りにする）

Check 3　Sentences 🎧 017

□ Hurry up and put your coat on.（急いでコートを着なさい）

□ It took half an hour to put together the cabinet.（戸棚を組み立てるのに30分かかった）

□ She put forward a new idea at the meeting yesterday.（彼女は昨日の会議で新しい案を提出した）

□ Put down your name and address here.（こちらに名前と住所を書いてください）

□ I can't put up with the noise any more.（私はこれ以上騒音に我慢できない）

□ We must put an end to the vio-lence.（私たちは暴力を終わらせなければならない）

□ Put these Japanese sentences into German.（これらの日本語の文をドイツ語に訳しなさい）

□ They put off the game till tomor-row.（彼らは試合を明日に延期した）

continued
▼

Check 1 　Chants 🎧 016

□ 089
put away A [A away]
❶**Aを片づける**、しまう（≒ clear）
❷A（金など）を（将来に備えて）蓄える、取っておく
❸A（人）を（B[刑務所など]に）入れる（in B）
❹A（飲食物）を平らげる

□ 090
put out A [A out]
❶変化のput
元Aを外に出す
❶**A（火など）を消す**　➕extinguishよりくだけた表現
❷Aを用意する、提供する
❸Aを困らせる、Aに面倒をかける（≒ annoy）
❹A（力など）を発揮する、出す
❺A（手など）を差し出す

□ 091
set up A [A up]
❶配置のset
元Aを立てる
❶**A（組織など）を設立[創設]する**　➕establishよりくだけた表現
❷Aを準備[計画、用意]する
❸Aを建造する、設置する：Aを組み立てる
❹A（家業など）を営む、始める

□ 092
set [put] **aside** A [A aside]
元Aを傍らに置く
❶**A（金・時間など）を（Bのために）取っておく**（for B）（≒ set A apart, reserve）
❷Aを無視[拒絶]する、A（感情など）を捨て去る（≒ reject）

□ 093
set out
❶移動のset
元動きだす
❶（A[旅など]に）**出発する**（on A）　➕通例「長い旅に出発する」ことを表す
❷（～することに）着手する、（～し）始める（to do）
❸（set out A [A out]で）Aを順序立てて説明する
❹（set out A [A out]で）Aを展示する、並べる

□ 094
set in
❶変化のset
（好ましくないことが）**始まる**（≒ begin、start）、起こる

□ 095
set off A [A off]
❶**Aを引き起こす**、始めさせる
❷（set offで）出発する（≒ set out）
❸A（目覚まし時計など）を作動させ始める
❹A（爆薬など）に点火する、Aを爆発させる
❺Aを引き立たせる

□ 096
set A **free**
Aを自由の身とする、釈放[解放]する

Day 5 🎧 013
Quick Review
答えは右ページ下

□ Aに～をさせない　□ Aを覚えている　□ Aを差し控える　□ 待つ
□ Aを見失わないようにする　□ Aと連絡を取り合っている　□ Aから外れないでいる　□ Aを支える
□ Aに遅れないでついていく　□ Aに遅れないようについていく　□ 近づかない　□ Aを引き止める
□ 続ける　□ Aを中に入れない　□ Aを秘密にしておく　□ Aを抑制する

Check 2　Phrases 🎧 017

□ put the dishes away（皿を片づける）
□ put away $200,000 for retirement（退職に備えて20万ドルを蓄える）

□ put out a fire（火を消す）
□ put out the sandwiches for breakfast（朝食にサンドイッチを出す）

□ set up a business（企業を設立する）
□ set up an appointment（面会の約束を取り決める）

□ set aside funds for retirement（退職に備えて資金を蓄えておく）
□ set aside his opinion（彼の意見を無視する）

□ set out on a trip（旅行に出発する）

□ when winter sets in（冬になると）

□ set off a riot（暴動を引き起こす）
□ set off for work（仕事に出かける）

□ set the prisoner free（囚人を釈放する；捕虜を自由の身とする）

Check 3　Sentences 🎧 018

□ Put away your toys.（おもちゃを片づけなさい）

□ I forgot to put out the lights before leaving.（私は外出前に明かりを消すのを忘れた）

□ He wants to set up his own company.（彼は自分の会社を設立したいと思っている）

□ He set aside some money to pay for his car.（彼は自動車代を払うためのお金をいくらか取っておいた）

□ She set out for Australia last week.（彼女は先週、オーストラリアへ出発した）

□ This year the rainy season set in earlier than usual.（今年は梅雨がいつもより早く始まった）

□ In an emergency, push this button to set off the alarm.（緊急の場合は、このボタンを押して警報装置を作動させてください）

□ After 10 years in prison, he was set free.（刑務所で10年を過ごした後、彼は出所した）

Day 5 🎧 013
Quick Review
答えは左ページ下

□ keep A from doing
□ keep track of A
□ keep up with A
□ keep on
□ keep A in mind
□ keep in touch with A
□ keep pace with A
□ keep out A
□ keep from A
□ keep to A
□ keep away
□ keep A to oneself
□ hold on
□ hold up A
□ hold back A
□ hold down A

Check 1 Chants 🎧 019

□ 097
make sense
❶製作のmake
➕sense＝意味

❶（表現などが）**意味を成す**、理解できる
❷（make sense of Aで）（人が）Aの意味を取る、理解する
❸（物事が）道理にかなっている

□ 098
make a difference
➕difference＝違い
㊟違いを生む

❶（Aにとって）**重要である**（to A）、違いが生じる
（⇔make no difference）
❷（Aに）差をつける、（Aを）区別する（in A）

□ 099
make A's way
➕way＝進路

❶（苦労して）**進む**、前進する
❷成功［出世］する

□ 100
make [earn] a living
➕living＝生計

生計を立てる

□ 101
make up A's mind
➕mind＝心、精神

（～しようと）**決心する**、決断する、決める（to do）（≒ decide）➕「いろいろな選択肢について長い間考えた上で決心する」というニュアンス

□ 102
make sure [certain]
❶変化のmake

❶（Aを）**確かめる**、念を押す（of A ［that節］）
❷（必ずAするように）手配［注意］する（of A ［that節］）

□ 103
make use of A
❶行為のmake
➕use＝使用

Aを利用［使用］する（≒use）➕「何かを達成したり、自分に有利になるために使う」というニュアンス

□ 104
make the most [best] of A
➕most＝最大、best＝最上

Aを最大限に利用する ➕通例、有利な状況の中ではthe mostを、不利な状況の中ではthe bestを使う

continued
▼

42 ▸ 43

元マークをチェックしてる？ 本来の意味から
どのような意味の熟語が生まれたかを知ると、
熟語学習はもっと楽しくなるはず！

□ 聞くだけモード　Check 1
□ しっかりモード　Check 1 ▶ 2
□ かんぺきモード　Check 1 ▶ 2 ▶ 3

CHAPTER
1

CHAPTER
2

CHAPTER
3

CHAPTER
4

CHAPTER
5

Check 2　Phrases 🎧 020

□ It doesn't make **any** sense.
（さっぱり分からない）
□ make sense **of what hap-**
pened（何が起きたかを理解する）

□ make a difference **to his life**
（彼の人生にとって重要である）
□ It doesn't make a difference.
（そんなことは重要でない）

□ make A's way **through the**
forest（森の中を進む）
□ make A's way **in life**（立身出世
する）

□ make a **good [reasonable]**
living （豊かな［まあまあの］生活を送
る）

□ make up A's mind **to buy a**
house（家を買う決心をする）

□ make sure **of his arrival**（彼の
到着を確かめる）
□ **(just) to** make sure（念のため）

□ make **good** use of **the inter-**
net（インターネットを十分に利用する）
□ make use of **the opportunity**
（機会を利用する）

□ make the most of **A's talent**
（才能を最大限に利用する）

Check 3　Sentences 🎧 021

□ His argument doesn't make
sense at all.（彼の主張は全く意味が通ってい
ない）

□ It doesn't make **much** difference
to me what he says.（彼が何を言おうと私
には大した問題ではない）

□ They made their way to the sum-
mit.（彼らは頂上へ向かって進んだ）

□ He makes a living as a writer.（彼は
作家として生計を立てている）

□ She made up her mind to study
abroad.（彼女は留学する決心をした）

□ I made sure all the lights were out
before I left.（出発前に、私はすべての明かり
が消えていることを確かめた）

□ You should learn to make use of
your time.（あなたは自分の時間の使い方を学
んだほうがいい）

□ You should make the most of your
time.（あなたは自分の時間を最大限に利用した
ほうがいい）

continued ▼

Check 1　　Chants 🎧 019

□ 105
turn on A [A on]
❶ 変化のturn

❶**A（テレビ・明かりなど）をつける**；A（水・ガスなど）を出す（⇔ turn off A）
❷(turn on Aで) Aを突然攻撃する
❸(turn on Aで) A次第である（≒ depend on [upon] A）
❹A（人）に（Bに対して）興味を抱かせる（to B）

□ 106
turn off A [A off]

❶**A（テレビ・明かりなど）を消す**、A（水・ガスなど）を止める（≒ turn out A　⇔ turn on A）
❷(turn off で) 脇道に入る
❸A（人）をうんざりさせる、A（人）に興味を失わせる

□ 107
turn out A

❶**結局はAになる**　Aであることが判明する
❷(turn out A [A out]で) A（明かりなど）を消す（≒ turn off A)
❸(turn out で)（Aに）出かける、出席する（for A）
❹(turn out A [A out]で) Aを生産する（≒ produce）

□ 108
turn into A
㊊Aに入る

(性質などの点で)**Aに変わる**、なる；(turn A into Bで)
AをBに変える、変化させる

□ 109
turn up A [A up]
㊊Aを上に向ける

❶**A（ガス・明かりなど）を強める**；A（ラジオなど）の音を大きくする（⇔ turn down A）
❷(turn up で)（物が）（偶然）見つかる、出てくる
❸(turn up で)（人などが）現れる、到着する
❹(turn up で)（物・事が）起こる（≒ happen、occur）

□ 110
turn in A [A in]
㊊Aを中に入れる

❶**A（宿題など）を（Bに）提出する**、手渡す（to B)（≒ hand in A、put in A、submit)
❷A（不必要になった物など）を（Bに）返却する、返す（to B)
❸A（犯人など）を（B [警察] に）引き渡す（to B)

□ 111
turn down A [A down]
㊊Aをひっくり返す

❶**A（ガス・明かりなど）を弱くする**；A（ラジオなど）の音を低く [小さく] する（⇔ turn up A）
❷A（要求・申し出など）を断る、却下する　➕ refuse、reject より遠回しな表現

□ 112
turn to A
❶ 転向のturn
㊊Aへ向かう

❶**Aに（B [援助・情報など] を）頼る**、求める（for B)
❷A（あるページ）を開く、参照する
❸A（ある話題）を話し [書き] 始める；A（仕事）に取りかかる

44 ▶ 45

Day 6 🎧 016
Quick Review
答えは右ページ下

☐ Aを身に着ける
☐ Aをまとめる
☐ Aを提出する
☐ Aを書き留める

☐ Aを我慢する
☐ Aを終わらせる
☐ AをBに翻訳する
☐ Aを延期する

☐ Aを片づける
☐ Aを消す
☐ Aを設立する
☐ Aを取っておく

☐ 出発する
☐ 始まる
☐ Aを引き起こす
☐ Aを自由の身とする

Check 2　Phrases 🎧 020

☐ turn on **the TV** (テレビをつける)
☐ turn on **the gas** (ガスを出す)

☐ turn off **the radio** (ラジオを消す)
☐ turn off **the faucet** (蛇口を閉める)

☐ turn out **bad** (結局はまずいことになる)
☐ turn out **for the event** (その行事に出かける)

☐ turn into **gas [liquid]** (気体 [液体] になる)
☐ turn **milk** into **butter** (牛乳をバターにする)

☐ turn up **the heat** (暖房を強める)
☐ turn up **the radio** (ラジオの音を大きくする)

☐ turn in **the assignment** (課題を提出する)
☐ turn **oneself** in (自首する)

☐ turn down **the air conditioner** (エアコンを弱くする)
☐ turn down **the proposal** (その提案を断る)

☐ turn to **the tutor for advice** (指導教官に助言を求める)

Check 3　Sentences 🎧 021

☐ **Would you** turn on **the fan, please?** (扇風機をつけてくれませんか?)

☐ **He forgot to** turn off **the heater when he left.** (彼は出かけるときにヒーターを消すのを忘れた)

☐ **Everything** turned out **fine.** (結局、万事うまくいった)

☐ **She is 17 years old and** turning into **an adult.** (彼女は17歳で、大人になろうとしている)

☐ **Turn up the TV so that I can hear the news.** (ニュースが聞こえるようにテレビの音を大きくしてください)

☐ **You must** turn in **every essay to pass the course.** (この講座に及第するためには、すべてのリポートを提出しなければならない)

☐ **She** turned down **the light after dinner.** (彼女は夕食の後で明かりを弱くした)

☐ **She doesn't know who to** turn to. (彼女は誰を頼りにしていいか分からないでいる)

☐ put on A
☐ put together A
☐ put forward A
☐ put down A
☐ put up with A
☐ put an end to A
☐ put A into B
☐ put off A
☐ put away A
☐ put out A
☐ set up A
☐ set aside A
☐ set out
☐ set in
☐ set off A
☐ set A free

Check 1　Chants 🎧 022

☐ 113
look for A
❶「意識的に目を向ける」のlook

▶ ❶**Aを探す**、求める（≒ search for A、hunt for A）
❷Aを期待［予期］する
❸（通例進行形で）A（面倒など）を（自分から）招く、求める

☐ 114
look forward to A
㊟Aへ向かって前方を見る

Aを楽しみに待つ、期待する

☐ 115
look up A [A up]
㊟Aを見上げる

▶ ❶**Aを**（B［辞書など］で）**調べる**、探す（in B）
❷（look upで）（景気などが）よくなる、上向く
❸A（人）を訪ねる　➕「別の理由で来たついでに訪ねる」というニュアンス

☐ 116
look to [toward] A
㊟Aに視線を向ける

▶ ❶**Aに**（Bを）**頼る**、当てにする（for B）（≒ depend on [upon] A）
❷Aに注意を向ける、気をつける（≒ look after A、see to A）

☐ 117
look into A
㊟Aをのぞき込む

▶ **A**（問題など）**を調査する**、研究する（≒ inquire into A、investigate）　➕「真相を求めて調べる」というニュアンス

☐ 118
look on

▶ ❶**傍観する**、見物する
❷（look on A as Bで）AをBと考える、見なす（≒ see A as B、view A as B、think of A as B、regard A as B）
❸（look on Aで）Aを（B［ある感情］で）見る（with B）

☐ 119
look after A
㊟Aの後を見送る

▶ ❶**Aの世話をする**、面倒を見る（≒ look out for A、care for A、take care of A、see to A、watch over A）
❷Aに注意を払う、気をつける（≒ look to A、see to A）

☐ 120
look out for A
㊟Aを求めて顔を出す

▶ ❶**Aを警戒する**、Aに用心する（≒ watch out for A）
❷Aの世話をする（≒ look after A）

continued
▼

今日は「見る」に関する動詞3つの熟語をチェック。それぞれに「世話をする」という意味の熟語があるのは面白い?!

□ 聞くだけモード　Check 1
□ しっかりモード　Check 1 ▶ 2
□ かんぺきモード　Check 1 ▶ 2 ▶ 3

CHAPTER 1

CHAPTER 2

CHAPTER 3

CHAPTER 4

CHAPTER 5

Check 2　Phrases 🎧 023

□ look for a job（仕事を探す）
□ be looking for trouble（面倒を招く）

□ look forward to skiing in Hokkaido（北海道でスキーをするのを楽しみに待つ）

□ look up the word in the dictionary（その言葉を辞書で調べる）
□ Things are looking up for A.（Aにとって状況はよくなってきている）

□ look to him for help（彼に援助を頼る）
□ look to A's health（健康に気をつける）

□ look into the problem（問題を調査する）

□ look on at A（Aを傍観する、見物する）
□ look on him as a hero（彼を英雄と見なす）

□ look after a cat（ネコの世話をする）
□ look after A's health（健康に気をつける）

□ look out for snakes（ヘビに用心する）

Check 3　Sentences 🎧 024

□ He's looking for a blue jacket.（彼はブルーのジャケットを探している）

□ My daughter is looking forward to her birthday.（私の娘は誕生日を楽しみにしている）

□ He looked up the phone number on the internet.（彼はインターネットでその電話番号を探した）

□ People in the disaster area are looking to the government for aid.（被災地の人々は政府に援助を頼っている）

□ The police are looking into the murder.（警察はその殺人事件を捜査している）

□ Most of them just looked on as the two men fought in the street.（2人の男が路上でけんかをしている間、彼らのほとんどはただ傍観していた）

□ I had to look after my little baby while my wife was away.（妻が留守の間、私は赤ちゃんの面倒を見なければならなかった）

□ You should look out for pickpockets on the trains.（電車の中ではすりに注意したほうがいい）

continued
▼

Check 1　　Chants 🎧 022

□ 121
look over A [A over]
元Aを見渡す
▶

Aにざっと目を通す、Aをざっと調べる (≒ look through A)
▶

□ 122
look back
元後ろを振り返る
▶

(Aを) 回想 [回顧] する (on [to, at] A)
▶

□ 123
look up to A
元Aを見上げる
▶

A (人) を尊敬する (≒ respect、admire　⇔ look down on A、despise); 仰ぎ見る
▶

□ 124
look down on
　　　　　　[upon] A
元Aを見下ろす
▶

A (人・行動) を見下す、軽蔑する (≒ despise　⇔ look up to A、respect、admire)
▶

48 ▸ 49

□ 125
see to A
❶「物が見える」のsee
▶

❶A (人・物・事) の世話をする、Aに気をつける (≒ care for A、take care of A、look after A、look to A、watch over A); Aを引き受ける
❷(see to it that 〜で) 〜するように取り計らう、気をつける　➕このitはthat節を受ける仮目的語

□ 126
see off A [A off]
▶

❶Aを (B [空港など] で) 見送る (at B)　➕この意味ではsee A offの語順が普通
❷A (敵の攻撃など) を切り抜ける、A (困難など) に勝つ
❸Aを追い払う
▶

□ 127
watch out for A
❶「物をじっと見る」のwatch
▶

(通例命令文で) Aに警戒する、用心 [注意] する (≒ look out for A)
▶

□ 128
watch over A
▶

Aを見守る、守る; Aの世話をする (≒ care for A、take care of A、look after A、see to A)
▶

Check 2 Phrases 🎧 023

Check 3 Sentences 🎧 024

CHAPTER
1

CHAPTER
2

CHAPTER
3

CHAPTER
4

CHAPTER
5

☐ look over the letter (手紙にざっと目を通す)

☐ He looked over the newspaper. (彼は新聞にざっと目を通した)

☐ look back at the '90s (90年代を回想する)

☐ He looked back at the year. (彼は1年を振り返った)

☐ look up to him as a role model (彼をお手本として尊敬する)

☐ She looks up to her piano teacher. (彼女は自分のピアノの先生を尊敬している)

☐ look down on younger generations (若い世代を見下す)

☐ The new boss looks down on all of his subordinates. (新しい上司は自分の部下全員を見下している)

☐ see to the guests (招待客たちの世話をする)

☐ See to it that it never happens again. (それが二度と起こらないよう気をつけてください)

☐ see her off at the station (彼女を駅で見送る)

☐ He went to the airport to see his girlfriend off. (彼は恋人を見送りに空港まで行った)

☐ watch out for cars (車に注意する)

☐ You must watch out for pickpockets at the market. (市場ではすりに注意しなければならない)

☐ watch over the patient (患者の世話をする)

☐ She watched over her son during his stay in the hospital. (息子が入院中、彼女は息子の世話をした)

動詞
speak / talk / say / tell

Check 1　Chants 🎧 025

□ 129
speaking [talking] **of** A
❶「言葉を発する」のspeak

Aと言えば、Aのことだが

□ 130
speak out [up]

❶（Aに賛成して／Bに反対して）**率直に** [正々堂々と]
意見を述べる（for A / against B）
❷大声で話す、はっきり言う

□ 131
so to speak [say]

いわば、言ってみれば（≒ as it were、in a manner of
speaking）　❶通例、文中・文尾で挿入的に用いる

□ 132
generally speaking
❶generally＝一般に

一般的に言って、概して

□ 133
strictly speaking
❶strictly＝厳密に

厳密に言えば（≒ to be exact）

□ 134
frankly speaking
❶frankly＝率直に

率直に言えば

□ 135
speak ill [badly] **of** A
❶ill、badly＝悪く

A（人）のことを悪く言う、けなす（≒ criticize
⇔ speak well of A、praise）

□ 136
speak well of A
❶well＝よく

A（人）のことをよく言う、褒める（≒ praise　⇔ speak
ill [badly] of A、criticize）

---

continued ▼

Chapter 1の最後は「話す」が原意の動詞の熟語。いわゆる「つなぎ言葉」が多いのがその特徴。それでは、チャンツからスタート！

□ 聞くだけモード　Check 1
□ しっかりモード　Check 1 ▶ 2
□ かんぺきモード　Check 1 ▶ 2 ▶ 3

Check 2　Phrases 🎧 026

□ speaking of **movies**（映画と言えば）

□ speaking of **your daughter**（娘さんのことですが）

□ speak out **against war**（戦争反対の意見を堂々と述べる）

【Pop Quiz!】
look for Aと同じ意味の熟語は？
▶ 答えは見出し番号113でチェック！

【Pop Quiz!】
look to [toward] Aと同じ意味の熟語は？
▶ 答えは見出し番号116でチェック！

【Pop Quiz!】
look into Aと同じ意味の熟語は？
▶ 答えは見出し番号117でチェック！

【Pop Quiz!】
look into Aを1語で言い換えると？
▶ 答えは見出し番号117でチェック！

□ speak ill of **each other**（お互いをけなし合う）

□ be spoken well of（評判がいい）

Check 3　Sentences 🎧 027

□ Speaking of food, you like sushi, don't you?（食べ物と言えば、おすしはお好きですよね？）

□ We must speak out against racism.（私たちは人種差別主義に反対の意見を述べなければならない）

□ He is, so to speak, the king of soccer.（彼は、いわばサッカーの王様だ）

□ Generally speaking, men are taller than women.（概して、男性は女性よりも背が高い）

□ Strictly speaking, spiders are not insects.（厳密に言えば、クモは昆虫ではない）

□ Frankly speaking, I want to quit the company.（率直に言うと、私は会社を辞めたいと思っている）

□ He always speaks ill of others.（彼はいつも他人の悪口を言う）

□ You should speak well of your friends.（友達のことは褒めたほうがいい）

continued
▼

Check 1　　Chants 🎧 025

□ 137
talk A **into** doing
❶「気軽に言葉を発する」のtalk

Aを説得して〜させる（≒ have A do、get A to do、persuade A to do [into doing]）

□ 138
talk over A [A over]

Aについて（Bと）**(十分に) 話し合う**、相談する（with B）（≒ discuss）　❸「何かを決定するために話し合う」というニュアンス。単に「Aについて話す」ならtalk about [of] A

□ 139
talk to oneself
㋺自分自身に話しかける

独り言を言う（≒ say to oneself）

□ 140
needless to say
❶「ある内容を伝えるために話す」のsay
➕needless ＝必要でない

言うまでもなく、もちろん

□ 141
to say nothing of A

Aは言うまでもなく　➕通例、「悪いこと」を加えて言う場合に用いる。not to mention Aは「よいこと」を加えて、「Aは言うまでもなく」を表す

□ 142
say to oneself
㋺自分自身に言う

心の中で考える、思う（≒ think to oneself）；独り言を言う（≒ talk to oneself）

□ 143
tell A **from** B
❶「ある情報を言葉で伝える」のtell

AをBから区別 [識別] する、AとBとの区別 [識別] ができる　➕distinguish A from Bよりくだけた表現

□ 144
to tell (you) **the truth**
➕truth ＝真実

実を言えば（≒ in fact [reality, truth]）

Day 8 🎧 022 Quick Review 答えは右ページ下	□ Aを探す	□ Aを調査する	□ Aにざっと目を通す	□ Aの世話をする
	□ Aを楽しみに待つ	□ 傍観する	□ 回想する	□ Aを見送る
	□ Aを調べる	□ Aの世話をする	□ Aを尊敬する	□ Aに警戒する
	□ Aに頼る	□ Aを警戒する	□ Aを見下す	□ Aを見守る

Check 2　Phrases 🎧 026

□ talk him into buying a new car（彼を説得して新しい車を買わせる）

□ talk over the matter with him（その問題について彼と話し合う）

【Pop Quiz!】
look after A と同じ意味の熟語は？
▶答えは見出し番号119でチェック！

【Pop Quiz!】
look out for A と同じ意味の熟語は？
▶答えは見出し番号120でチェック！

【Pop Quiz!】
look over A と同じ意味の熟語は？
▶答えは見出し番号121でチェック！

【Pop Quiz!】
look up to A を1語で言い換えると？
▶答えは見出し番号123でチェック！

□ tell the copy from the original（複製を本物と見分ける）

【Pop Quiz!】
look down on [upon] A を1語で言い換えると？
▶答えは見出し番号124でチェック！

Check 3　Sentences 🎧 027

□ The boy talked his mother into buying a new toy.（その少年は母親にねだって新しいおもちゃを買ってもらった）

□ I'm going to talk it over with my father first.（そのことについては最初に父親と話し合うつもりだ）

□ "Did you say anything?" "No, I was just talking to myself."（「何か言った?」「いや、独り言を言っていただけだよ」）

□ Needless to say, he won first place again.（言うまでもなく、彼がまた1位だった）

□ The novel is boring, to say nothing of being long.（その小説は、長いのは言うまでもなく、退屈だ）

□ "I can do it," she said to herself.（「私はできるわ」と彼女は心の中で思った）

□ I can't tell whiskey from brandy.（私はウイスキーとブランデーの区別がつかない）

□ To tell the truth, I like her.（実を言えば、私は彼女が好きだ）

□ look for A
□ look forward to A
□ look up A
□ look to A
□ look into A
□ look on
□ look after A
□ look out for A
□ look over A
□ look back
□ look up to A
□ look down on A
□ see to A
□ see off A
□ watch out for A
□ watch over A

Chapter 1 Review

左ページの(1)～(20)の熟語の同意熟語・類義熟語（または同意語・類義語）（≒）、反意熟語・反対熟語（または反意語・反対語）（⇔）を右ページのＡ～Ｔから選び、カッコの中に答えを書き込もう。意味が分からないときは、見出し番号を参照して復習しておこう（答えは右ページ下）。

□ (1) go through A (001) ≒は? (   )

□ (2) come up with A (011) ≒は? (   )

□ (3) take over A (020) ≒は? (   )

□ (4) take the place of A (021) ≒は? (   )

□ (5) take part in A (029) ≒は? (   )

□ (6) take off A (030) ⇔は? (   )

□ (7) bring about A (038) ≒は? (   )

□ (8) get to A (049) ≒は? (   )

□ (9) get lost (056) ≒は? (   )

□ (10) keep A in mind (069) ≒は? (   )

□ (11) keep from A (073) ≒は? (   )

□ (12) put up with A (085) ≒は? (   )

□ (13) put A into B (087) ≒は? (   )

□ (14) put off A (088) ≒は? (   )

□ (15) make up A's mind (101) ≒は? (   )

□ (16) turn on A (105) ⇔は? (   )

□ (17) look to A (116) ≒は? (   )

□ (18) look up to A (123) ⇔は? (   )

□ (19) so to speak (131) ≒は? (   )

□ (20) to tell the truth (144) ≒は? (   )

A. lose A's way

B. as it were

C. put on

D. bear

E. hit on A

F. postpone

G. arrive at A

H. succeed

I. decide

J. cause

K. depend on A

L. experience

M. refrain from A

N. turn off A

O. participate in A

P. look down on A

Q. translate A into B

R. substitute for A

S. in fact

T. remember

【解答】 (1) L (2) E (3) H (4) R (5) O (6) C (7) J (8) G (9) A (10) T
(11) M (12) D (13) Q (14) F (15) I (16) N (17) K (18) P (19) B (20) S

CHAPTER 2

前置詞・副詞で覚える熟語

Chapter 2では、前置詞と副詞を使った熟語を身につけていきます。まず最初に、Introductionのコーナーで、各前置詞・副詞の意味と用法を押さえてから、Day 10をスタートしましょう！

ねえ、父さん。お酒を控えたほうがいいと思うわ。

Hey, Dad. I think you'd better
(　　　) (　　　) drinking.

答えは Day 18でチェック！

□ Introduction　前置詞・副詞の意味と主な用法

前置詞とその原意・用法の種類　*用法の種類は厳密なものでなく、熟語の意味の違いで異なることもあります

前置詞	
on ▶ Day 10	**原意：～に接して** **用法の種類：❶基礎　❷対象　❸依存　❹状態　❺手段**
in ▶ Day 11、12	**原意：～の中に［で、の］** **用法の種類：❶表現方法　❷従事　❸分野　❹状態　❺時**
out of ▶ Day 12	**原意：～の中から外へ** **用法の種類：状態** ❶inの❹と対応して、「ある状態から離れて」という否定の意味を表すことが多い
to ▶ Day 13	**原意：～へ、～に；～の方へ** **用法の種類：❶対象　❷比較　❸到達　❹付属　❺執着　❻程度　❼結果**
at ▶ Day 14	**原意：～に；～において** **用法の種類：❶極限　❷状態　❸時点・地点　❹原因　❺代償　❻目標**
for ▶ Day 15	**原意：～のために［の］** **用法の種類：❶目的　❷関連　❸期間　❹特性　❺代用　❻準備　❼理由　❽方向**
of ▶ Day 16	**原意：～の：～から離れて** **用法の種類：❶関連　❷構成　❸分離　❹原因　❺性質**
with ▶ Day 17	**原意：～と（一緒に）；～を相手に** **用法の種類：❶材料　❷対象　❸一致　❹敵対　❺様態**
from ▶ Day 18	**原意：～から（離れて）** **用法の種類：❶分離　❷起源　❸相違　❹抑制　❺原因**
by ▶ Day 19	**原意：～のそばに［で、の］** **用法の種類：❶手段　❷原因　❸位置　❹単位　❺関連**
as ▶ Day 19	**原意：～として（の）**

58 ▸ 59

continued ▼

各Dayの学習に入る前に、まずは前置詞・副詞の意味と用法を軽く押さえておこう。基本動詞のときと同様、ここでもあまり難しく考えなくてもOK。各前置詞・副詞の元々の意味（原意）と主な用法を「イメージ」として覚えよう。

熟語の例　*カッコ内の数字は見出し番号を表します

❶ be based on A：Aに基づいている（145）
❷ work on A：A（問題など）に取り組む（149）
❸ rely on A：Aを信頼する（152）
❹ on the way：途中で［に］（155）

❶ in all：合計で（161）
❷ participate in A：Aに参加する（172）
❸ be lacking in A：Aが欠けている（174）
❹ in order：順序正しく（177）

out of date：時代遅れの［で］（185）

❶ refer to A：Aに言及する（193）
❷ compare A to B：AをBと比較する（201）
❸ lead to A：（事が）Aを引き起こす（204）
❹ belong to A：（人が）A（団体・組織など）に所属する（205）

❶ at least：少なくとも（209）
❷ at home：くつろいで（213）
❸ call at A：A（場所）に立ち寄る（218）
❹ at a glance：一目見ただけで（220）

❶ search for A：Aを探す（225）
❷ be responsible for A：Aに責任がある（230）
❸ for a while：しばらくの間（233）
❹ take A for B：AをBだと思う（234）

❶ think of A：Aについて考える（241）
❷ consist of A：Aから成り立つ（250）
❸ rob A of B：A（人・場所）からB（金・物など）を奪う（251）
❹ die of A：A（病気などが原因）で死ぬ（254）

❶ provide A with B：A（人など）にB（必要な物など）を供給［提供］する（257）
❷ deal with A：A（問題など）を処理［処置］する（259）
❸ agree with A：A（人）と意見が一致する（267）
❹ compete with A：Aと競う（268）

❶ be free from A：A（不快なもの・心配・苦痛など）を免れている（273）
❷ come from A：Aの出身である（275）
❸ distinguish A from B：AをBと区別［識別］する（279）
❹ refrain from A：Aを差し控える（282）

❶ by hand：（機械でなく）手製で（289）
❷ by accident：偶然に（291）
❸ stand by A：A（決定など）を固守する（293）
❹ one by one：1人［1つ］ずつ（294）

see A as B：AをBと見なす（297）

continued
▼

□ Introduction

副詞とその原意・用法の種類

副詞 **on** ▶ Day 20	**原意：**（物の）上に（接して） **用法の種類：❶**継続 **❷**所持 **❸**作動 **❹**付着
副詞 **off** ▶ Day 20	**原意：**離れて **用法の種類：❶**休止 **❷**分離 **❸**解放 **❹**強調
副詞 **out** ▶ Day 21	**原意：**（内から）外へ **用法の種類：❶**完了 **❷**出現 **❸**停止 **❹**離脱 **❺**方向
副詞 **up** ▶ Day 22	**原意：**上へ；立って **用法の種類：❶**運動 **❷**完了 **❸**出現 **❹**状態
副詞 **down** ▶ Day 23	**原意：**下へ **用法の種類：❶**休止 **❷**減少 **❸**記入 **❹**状態 **❺**抑制 **❻**運動
副詞 **in** ▶ Day 24	**原意：**中へ [に]
副詞 **over** ▶ Day 24	**原意：**上方に；越えて
副詞 **away** ▶ Day 24	**原意：**離れて
副詞 **by** ▶ Day 24	**原意：**通り過ぎて

熟語の例

❶ go on：続ける（305）
❷ take on A [A on]：A（仕事など）を引き受ける（308）
❸ turn on A [A on]：A（テレビ・明かりなど）をつける（311）
❹ hang on：しっかりつかまる（312）

❶ turn off A [A off]：A（テレビ・明かりなど）を消す（313）
❷ get off：（バスなどから）降りる（316）
❸ give off A：A（におい・光・熱・音など）を発する（319）
❹ show off：見えを張る（320）

❶ find out A [A out]：Aを解明する（321）
❷ stand out：目立つ（325）
❸ run out：（物資などが）尽きる（330）
❹ drop out：退学［退部］する（333）

❶ pull up：（人が）車を止める（337）
❷ grow up：成長する（340）
❸ show up：（人が）現れる（348）
❹ stay up：寝ずに起きている（350）

❶ break down：（機械などが）故障する（353）
❷ slow down：スピードを落とす（357）
❸ write down A [A down]：Aを書き留める（359）
❹ settle down：（人が）落ち着く（363）

fill in A [A in]：Aに必要事項を記入する（372）

take over A [A over]：A（職務など）を引き継ぐ（377）

put away A [A away]：Aを片づける（382）

go by：（時などが）経過する（383）

Check 1　Chants 🎧 028

□ 145
be **based on** [upon] A
❶基礎のon

Aに基づいている

□ 146
on (an, the) **average**
➕average＝平均

平均して：おおむね、大体

□ 147
on purpose
➕purpose＝目的、意図

❶**故意に**、わざと（≒deliberately　⇔by accident [chance]、accidentally）
❷（〜する）目的で（to do）

□ 148
on account of A
➕account＝理由；利益

❶**Aの理由で**、Aのせいで（≒due to A、because of A、by [in] virtue of A、owing to A）　➕「問題や困難のせいで」というニュアンス
❷Aの（利益の）ために

□ 149
work on [upon] A
❶対象のon

❶**A（問題など）に取り組む**
❷A（物）を修理する；A（機械など）を調節 [調整] する
❸A（人）に（〜するよう）働きかける（to do）；Aに影響を与える

□ 150
reflect on [upon] A

❶**Aを熟考 [思案] する**（≒consider）
❷（well、badlyなどの副詞を伴って）Aによい [悪い] 印象を与える

□ 151
hit on [upon] A
🈁Aにぶつかる

❶**A（考えなど）を思いつく**、Aに思い当たる（≒come up with A）　➕「（考えなどが）Aの心に（ふと）浮かぶ」はoccur to A
❷A（人）に言い寄る、A（人）をナンパする

□ 152
rely on [upon] A
❶依存のon

❶**Aを信頼する**（≒trust）；Aを当てにする
❷Aに（Bを／〜することを）頼る（for B/to do）

continued
▼

これから10日間は前置詞の基本的な意味を確認！ 今日は「on =〜に接して」という原意からどのような熟語があるか押さえていこう。

□ 聞くだけモード　Check 1
□ しっかりモード　Check 1 ▸ 2
□ かんぺきモード　Check 1 ▸ 2 ▸ 3

Check 2　Phrases 🎧 029

□ **be** based on **evidence**（証拠に基づいている）
□ **a story** based on **facts**（事実に基づいた話）

【Pop Quiz!】
so to speak [say] と同じ意味の熟語は？
▸ 答えは見出し番号131でチェック！

□ **accidentally** on purpose（偶然を装って）

□ on account of **snow**（雪のせいで）

□ **work on the project**（そのプロジェクトに取り組む）
□ **work on a car**（自動車を修理する）

□ **reflect on the problem**（その問題を熟考する）
□ **reflect badly on her**（彼女に悪い印象を与える）

□ **hit on a good idea**（妙案を思いつく）

□ **rely on him**（彼を信頼する）
□ **rely on the radio for information**（情報をラジオに頼る）

Check 3　Sentences 🎧 030

□ **Their relationship is** based on **trust.**（彼らの関係は信頼に基づいている）

□ On average, **females live longer than males.**（平均すると、女性の寿命は男性よりも長い）

□ **The police believe that the fire was set** on purpose.（火は故意につけられたものだと警察は考えている）

□ **Baseball games often are canceled** on account of **rain.**（野球の試合は雨のためしばしば中止になる）

□ **The government is** working on **economic reforms.**（政府は経済改革に取り組んでいる）

□ **We should** reflect on **what to do next.**（私たちは次に何をすべきかよく考えるべきだ）

□ **She finally** hit on **a solution to the problem.**（彼女はついにその問題の解決策を思いついた）

□ **You can** rely on **me for help.**（あなたは私の助けを当てにすることができる）

continued
▼

Check 1　　Chants 🎧 028

□ 153
be **dependent on**
　　　　　　[upon] A
▶

❶**Aに頼っている**、依存している（⇔be independent of A）
❷（未来の出来事が）Aによって決まる、Aに左右される、A次第である（≒depend on [upon] A）
▶

□ 154
(all) **on** A's **own**
❶own＝独自の、自身の
▶

❶**1人で**、単独で（≒alone）
❷自分で、独力で
▶

□ 155
on the [A's] **way**
= along the way
❶状態のon
▶

❶**途中で** [に]　❶in the [A's] wayは「邪魔になって」
❷進行中で、近づいて
▶

□ 156
on board
❶board＝板
▶

❶**船** [飛行機など] **に乗って**
❷（チーム・組織などの）一員で [に]
▶

□ 157
on business
❶business＝商売、仕事
▶

商用で、仕事で（⇔for pleasure）
▶

□ 158
on fire
❶fire＝火
▶

❶**燃えて**、火事になって
❷興奮して、熱心 [躍起] になって
▶

□ 159
on duty
❶duty＝職務、任務
▶

勤務時間中で、当番で（≒at work、on the job　⇔off duty）
▶

□ 160
on foot
❶手段のon
❶foot＝歩行
▶

❶**徒歩で**、歩いて
❷（物・事が）着手されて
▶

Day 9 🎧 025
Quick Review
答えは右ページ下

□ Aと言えば
□ 率直に意見を述べる
□ いわば
□ 一般的に言って

□ 厳密に言えば
□ 率直に言えば
□ Aのことを悪く言う
□ Aのことをよく言う

□ Aを説得して～させる
□ Aについて話し合う
□ 独り言を言う
□ 言うまでもなく

□ Aは言うまでもなく
□ 心の中で考える
□ AをBから区別する
□ 実を言えば

64 ▶ 65

Check 2　Phrases 🎧 029

□ **be financially dependent on A's parents**（経済的に親に依存している）
□ **be dependent on the weather**（天気次第である）

□ **be all right on A's own**（1人で大丈夫である）
□ **act on A's own**（単独で行動する）

□ **on the way home**（帰宅途中で［に］）
□ **be on A's way to recovery**（回復に向かっている）

□ **go on board**（乗船［乗車］する）

□ **travel on business**（出張する）

□ **set a car on fire**（車に放火する）
□ **be on fire with love for her**（彼女を熱く愛している）

【Pop Quiz!】
speak ill [badly] of Aを1語で言い換えると?
▶ 答えは見出し番号135でチェック!

【Pop Quiz!】
speak well of Aを1語で言い換えると?
▶ 答えは見出し番号136でチェック!

Check 3　Sentences 🎧 030

□ **Your success is dependent on how hard you study.**（あなたの成功はどれだけ一生懸命に勉強するかにかかっている）

□ **He built the house on his own.**（彼はその家を自分で建てた）

□ **She stopped by a convenience store on her way to work.**（彼女は出勤途中にコンビニに立ち寄った）

□ **There are over 1,000 people on board.**（1000人を超える人々が乗船している）

□ **He's been to France on business.**（彼は仕事でフランスに行ったことがある）

□ **The house is on fire.**（その家が火事になっている）

□ **There is a guard on duty 24 hours a day in our office.**（私たちの会社には、24時間体制で勤務している警備員がいる）

□ **He traveled around Hokkaido on foot last summer.**（彼は去年の夏、徒歩で北海道一周旅行をした）

Day 9 🎧 025
Quick Review
答えは左ページ下

□ speaking of A
□ speak out
□ so to speak
□ generally speaking

□ strictly speaking
□ frankly speaking
□ speak ill of A
□ speak well of A

□ talk A into doing
□ talk over A
□ talk to oneself
□ needless to say

□ to say nothing of A
□ say to oneself
□ tell A from B
□ to tell the truth

Check 1　　Chants 🎧 031

□ 161
in all
❶表現方法のin

合計で、全部で、全体で（≒ altogether、all told）

□ 162
in fact [reality, truth]
❶fact、reality、truth＝事実

実は、実際は（≒ to tell the truth）　❶「人はそう言っているが、実は」というニュアンス。人の知らないことを教えて驚かせるようなときにも使う

□ 163
in general
❶general＝一般の、普通の

❶**普通**、大抵（≒ usually）
❷一般に、概して（≒ generally）；（名詞の後で）一般の（≒ at large）

□ 164
in particular
❶particular＝（個々の）項目、事項

特に、特別に（≒ particularly、especially）

□ 165
in other words
❶word＝語；言葉

言い換えれば、すなわち　❶「前言を要約して言い換えると」というニュアンス。that is (to say)は「前言をより正確に言い換えると」というニュアンス

□ 166
in short [brief]
❶short、brief＝簡潔

手短に言えば、要約すると（≒ in a word、to be short [brief]）　❶for shortは「略して、短く言って」

□ 167
in a sense [way]
❶sense＝意味、way＝点、個所

ある意味では（≒ in a manner of speaking）

□ 168
in effect
❶effect＝結果；効果

❶**実際には**；事実上；基本的には　❶「そうは思われていないが実際の状況は」というニュアンス
❷（法律などが）有効な、実施されて（≒ effective）

continued
▼

前置詞inを使った熟語では、副詞の働きをする「表現方法」が多いのが特徴。そのほかの用法も押さえて「inの世界」を楽しもう！

☐ 聞くだけモード　Check 1
☐ しっかりモード　Check 1 ▶ 2
☐ かんぺきモード　Check 1 ▶ 2 ▶ 3

CHAPTER 1
CHAPTER 2
CHAPTER 3
CHAPTER 4
CHAPTER 5

Check 2　Phrases 🎧 032

【Pop Quiz!】
on purposeと反対の意味の熟語は？
▶ 答えは見出し番号147でチェック！

【Pop Quiz!】
on account of Aと同じ意味の熟語は？
▶ 答えは見出し番号148でチェック！

☐ people in general （一般の人々）

【Pop Quiz!】
reflect on [upon] Aを1語で言い換えると？
▶ 答えは見出し番号150でチェック！

【Pop Quiz!】
hit on [upon] Aと同じ意味の熟語は？
▶ 答えは見出し番号151でチェック！

【Pop Quiz!】
rely on [upon] Aを1語で言い換えると？
▶ 答えは見出し番号152でチェック！

【Pop Quiz!】
be dependent on [upon] Aと反対の意味の熟語は？
▶ 答えは見出し番号153でチェック！

☐ be in effect（〔法律などが〕有効である）

Check 3　Sentences 🎧 033

☐ In all, there are 40 students in the class.（クラスには全部で40人の生徒がいる）

☐ In fact, he is engaged to her.（実は、彼は彼女と婚約している）

☐ In general, I get up at 6 a.m.（普通、私は午前6時に起きる）

☐ There's nothing in particular I want to say.（私が言いたいことは特にない）

☐ She's always talking about herself. In other words, she's egocentric.（彼女はいつも自分のことばかり話している。言い換えれば、彼女は自己中心的だ）

☐ In short, the movie was boring.（手短に言えば、その映画はつまらなかった）

☐ In a sense, what he said was right.（ある意味では、彼が言ったことは正しかった）

☐ In effect, the company was in the red last year.（実際には、昨年その会社は赤字だった）

continued
▼

Check 1   Chants 🎧 031

□ 169
in detail

➕detail＝細部、細目

詳細に、細部にわたって、項目ごとに

□ 170
in practice

➕practice＝実際

実際には、実際上は（⇔in theory）➕「そうなるはずだと思われていたことに対して、実際には」というニュアンス

□ 171
in a word

➕word＝語

一言で言えば、簡単に言えば、要するに（≒in short [brief]、to be short [brief]）

□ 172
participate in A

❶従事のin

Aに参加する、加わる（≒take part in A、join in A）

□ 173
be **involved in** A

❶（よい意味で）**A（活動など）に参加している**、携わっている
❷A（悪いことなど）に関係している

□ 174
be **lacking** [wanting] **in** A

❶分野のin

❶Aが欠けている
❷Aに不足している（≒be short of A、be poor in A）

□ 175
in A's **opinion** [view]

➕opinion、view＝意見、考え

Aの考え [意見] では

□ 176
in time

❶時のin

❶（Aに）間に合って、遅れずに（for A）➕on timeは「時間通りに」
❷そのうち、早晩（≒in due course [time]）

---

68 ▸ 69

Day 10 🎧 028
Quick Review
答えは右ページ下

□ Aに基づいている	□ Aに取り組む	□ Aに頼っている	□ 商用で
□ 平均して	□ Aを熟考する	□ 1人で	□ 燃えて
□ 故意に	□ Aを思いつく	□ 途中で	□ 勤務時間中で
□ Aの理由で	□ Aを信頼する	□ 船に乗って	□ 徒歩で

Check 2　Phrases 🎧 032

□ explain A in detail（Aを詳細に説明する）

【Pop Quiz!】
(all) on A's own を1語で言い換えると？
▶答えは見出し番号154でチェック!

【Pop Quiz!】
on business と反対の意味の熟語は？
▶答えは見出し番号157でチェック!

□ participate in a cleanup of the park（公園の清掃に参加する）

□ be involved in the project（そのプロジェクトに参加している）

□ be lacking in determination（決断力が欠けている）

【Pop Quiz!】
on duty と同じ意味の熟語は？
▶答えは見出し番号159でチェック!

□ in time for the train（その列車に間に合って）

Check 3　Sentences 🎧 033

□ He described the story in detail.（彼はその話を詳細に説明した）

□ In practice, the experiment didn't work as expected.（実際には、その実験は予想通りにはうまくいかなかった）

□ In a word, the opera was great.（一言で言えば、そのオペラは素晴らしかった）

□ More than 200 people participated in the conference.（200人を超える人々がその会議に参加した）

□ I'm involved in several volunteer activities.（私はいくつかのボランティア活動に参加している）

□ Sam is lacking in common sense.（サムは常識が欠けている）

□ In my opinion, we should withdraw from this business.（私の考えでは、わが社はこの事業から撤退すべきだ）

□ She prepared the report in time for the meeting.（彼女は会議に間に合うように報告書を準備した）

Day 10 🎧 028
Quick Review
答えは左ページ下

□ be based on A	□ work on A	□ be dependent on A	□ on business
□ on average	□ reflect on A	□ on A's own	□ on fire
□ on purpose	□ hit on A	□ on the way	□ on duty
□ on account of A	□ rely on A	□ on board	□ on foot

Check 1　　Chants 🎧 034

☐ 177
in order
❶状態のin
➕order＝順序；整理；状態；秩序

❶**順序正しく**、順番に（⇔out of order）
❷整然として、秩序よく
❸調子よく、順調で
❹（議事手続きで）規則にかなって
❺ふさわしい、適切な

☐ 178
in use
➕use＝使用

使われている、使用中で[の]（⇔out of use）

☐ 179
in trouble
➕trouble＝心配、苦労；面倒

❶**困って**；故障して
❷（A［警察など］と）ごたごたを起こして；（Aと）かかわり合いになって（with A）

☐ 180
in danger
➕danger＝危険

危険な状態で；危篤で；（Aの）危険があって（of A）（⇔out of danger）

☐ 181
in [within] sight
➕sight＝視界

❶（Aが）**見える所に**[の]（of A）、見えて（⇔out of sight）
❷近づいて
❸期待して

☐ 182
in a hurry
➕hurry＝急ぐこと

急いで、慌てて（≒in haste）

☐ 183
in fashion
➕fashion＝流行

流行して（⇔out of fashion）

☐ 184
in pursuit of A
➕pursuit＝追跡；追求

Aを追って、Aを得ようとして

70 ▸ 71

continued
▼

前置詞inのもう1つの重要な用法は「状態」。今日は、対義的な関係にあるinとout ofそれぞれを使った熟語をマスターしよう！

☐ 聞くだけモード　Check 1
☐ しっかりモード　Check 1 ▶ 2
☐ かんぺきモード　Check 1 ▶ 2 ▶ 3

CHAPTER 1

CHAPTER 2

CHAPTER 3

CHAPTER 4

CHAPTER 5

Check 2　Phrases 🎧 035

☐ **put A in order**（Aを順番に並べる；Aを整える、整頓する）

☐ **a word in general use**（広く使われている言葉）

☐ **a man in trouble**（困っている人；面倒な状況にある人）

☐ **be in danger of falling**（[建物などが] 崩壊の危険がある）
☐ **put A in danger**（Aを危険にさらす）

☐ **in sight of land**（陸が見える所に）
☐ **appear in sight**（見えてくる）

☐ **be in a hurry to get a seat**（席を取ろうと急いでいる）

☐ **a color in fashion**（流行色）

☐ **live in pursuit of happiness**（幸福を求めて生きる）

Check 3　Sentences 🎧 036

☐ **He put the pictures in order.**（彼は写真を整理した）

☐ **That machine is in use right now.**（その機械は現在使用中だ）

☐ **You should always help someone in trouble.**（困っている人はいつでも助けてあげるべきだ）

☐ **This animal is in danger of extinction.**（この動物は絶滅の危機にある）

☐ **The bus stop was in sight, just across the street.**（バス停は見える所、通りの向こう側にあった）

☐ **He looked to be in a hurry when he went out.**（出かける時、彼は急いでいるようだった）

☐ **The color white is in fashion this summer.**（今年の夏は白が流行している）

☐ **The police were in hot pursuit of the criminal.**（警察はその犯人を激しく追跡していた）

continued
▼

Check 1　　Chants 🎧 034

□ 185
out of date
❶状態の out of
➕date ＝時代
▶

時代遅れの [で]、旧式の [で]；無効で [の]、有効期限が切れて（⇔up to date）　➕通例、限定用法の場合は out-of-date のようにハイフンで結ばれる（⇔up-to-date）　▶

□ 186
out of control
➕control ＝制御；支配
▶

制御できない、制し切れない、手に負えない、収拾がつかない（⇔under control）

□ 187
out of sight
➕sight ＝視界
▶

❶(Aの) **見えない所に** [の] (of A)（⇔in [within] sight）
❷(値段・基準などが) 法外の [に]；非常に高い
▶

□ 188
out of order
➕order ＝順序；整理；状態；秩序
▶

❶(機械などが) **故障して**、調子が狂った（⇔in order）
❷乱雑になって
❸順序が狂って
❹不適切な、場違いな
▶

□ 189
out of work
➕work ＝仕事
▶

失業中で、失業して（⇔in work）
▶

□ 190
out of the question
➕question ＝問題；可能性
▶

問題 [話] **にならない**、不可能な、考えられない（≒impossible）　➕「不可能であり、許されるものではない」というニュアンス
▶

□ 191
out of breath
➕breath ＝息
▶

(運動などで) **息を切らして**

□ 192
out of fashion
➕fashion ＝流行
▶

流行していない、廃れて（⇔in fashion）
▶

Day 11 🎧 031
Quick Review
答えは右ページ下

□ 合計で	□ 言い換えれば	□ 詳細に	□ Aに参加している
□ 実は	□ 手短に言えば	□ 実際には	□ Aが欠けている
□ 普通	□ ある意味では	□ 一言で言えば	□ Aの考えでは
□ 特に	□ 実際には	□ Aに参加する	□ 間に合って

72 ▶ 73

Check 2　Phrases 🎧 035

□ **go** out of date (時代遅れになる、古臭くなる)

□ **get [go]** out of control (制御できなくなる、収拾がつかなくなる)

□ **go** out of sight (見えなくなる)

□ **get [go]** out of order (故障する)

□ **fall** out of work (失業する ⊕get out of work は「仕事を終える [サボる]」)

□ **dismiss A as** out of the question (A [考えなど] を問題外として退ける)

□ **run [talk] oneself** out of breath (息が切れるほど走る [話す])

□ **go [fall]** out of fashion (はやらなくなる)

Check 3　Sentences 🎧 036

□ **This computer is** out of date. (このコンピューターは時代遅れだ)

□ **The situation is getting** out of control. (状況は収拾がつかなくなってきている)

□ **You should keep valuables in your car** out of sight. (車の中の貴重品は見えない所にしまっておいたほうがいい)

□ **The TV is** out of order **again.** (そのテレビはまた故障している)

□ **He's been** out of work **for more than three months.** (彼は3カ月以上失業している)

□ **For me, to buy such an expensive car is** out of the question. (私にとっては、そんな高価な車を買うことは不可能だ)

□ **She was** out of breath **from running back home.** (彼女は走って家に帰ってきて、息を切らしていた)

□ **These kinds of clothes will never go** out of fashion. (この種の服が流行遅れになることは決してないだろう)

前置詞
to

Check 1　　Chants 🎧 037

☐ 193
refer to A
❶対象のto

❶**Aに言及する**、触れる（≒ mention）
❷A（本など）を参照する
❸Aに関係する、当てはまる
❹(refer A to Bで) A（人）をB（人・場所など）に差し向ける、照会させる；A（人）にB（本など）を調べさせる

☐ 194
agree to A

A（提案・計画など）**に同意[賛成]する**（≒ consent to A、sympathize with A、assent to A）

☐ 195
occur to A

（考えなどが）**Aの心に**（ふと）**浮かぶ**、思い出される ❶「A（考えなど）を思いつく」はcome up with A、hit on [upon] A

☐ 196
owe A to B

❶**A（金）をB**（人・店など）**に借りている**
❷A（物・事）についてBのおかげ[恩恵]を被っている
❸A（義務など）をB（人）に負っている

☐ 197
pay [give] attention to A
❶attention＝注意

Aに注意を払う、留意する（≒ take notice of A）

☐ 198
give birth to A
❶birth＝出生；起源

❶**A（子）を産む**
❷A（物・事）を生み出す、起こす；Aの原因となる（≒ give rise to A）

☐ 199
be used to A

Aに慣れている（≒ be accustomed to A）　❶used to do（[以前は] よく〜したものだ）との違いに注意

☐ 200
be known to A

Aに知られている　❶be known for Aは「Aで知られている」、be known as Aは「Aとして知られている」

continued
▼

74 ▶ 75

前置詞toを使った熟語で一番多いのは、「〜に」を表す「対象」の用法。そのほかの用法も繰り返し「音読」して身につけよう。

□ 聞くだけモード　Check 1
□ しっかりモード　Check 1 ▶ 2
□ かんぺきモード　Check 1 ▶ 2 ▶ 3

Check 2　Phrases 🎧 038

□ refer to the issue (その問題について言及する)
□ refer to the list (リストを参照する)

□ agree to a plan (計画に賛成する)

□ It occurs to A that 〜. (〜ということがAの心に浮かぶ)

□ owe 5,000 yen to her (彼女に5000円を借りている)
□ owe his success to her (彼の成功は彼女のおかげである)

□ pay attention to others' feelings (ほかの人たちの気持ちに注意を払う)

□ give birth to a baby (赤ちゃんを産む)

□ get used to A (Aに慣れる)
□ be used to spicy food (辛い料理に慣れている)

□ be known to everyone (みんなに知られている)

Check 3　Sentences 🎧 039

□ She thought he was referring to her. (彼女は、彼が彼女のことを言っているのだと思った)

□ Both countries have agreed to a cease-fire. (両国は停戦に合意した)

□ A good idea occurred to me. (妙案が私の心に浮かんだ)

□ At that time, he owed $2 million to his bank. (当時、彼は銀行から200万ドル借りていた)

□ He didn't pay attention to my advice. (彼は私の忠告に注意を払わなかった)

□ At 10 p.m., my wife gave birth to a 3,000-gram baby boy. (午後10時に、私の妻は3000グラムの男の子を産んだ)

□ I'm not used to hot weather. (私は暑い気候に慣れていない)

□ The fact is not known to many people. (その事実は多くの人には知られていない)

continued ▼

□ 201
compare A **to** [with] B
❶比較のto

❶**A を B と比較する**、比べる
❷A を B に例える、なぞらえる

□ 202
prefer A **to** B

B よりも A を好む

□ 203
be **similar to** A

A と似ている、類似している、同種 [同類] である
➕「ほとんど同じだが、少し違っている」というニュアンス。「A と全く同じである」は be identical to A

□ 204
lead to A
❶到達のto
🔄A に通じる

(事が) **A を引き起こす**、A (ある結果) に至る、つながる

□ 205
belong to A
❶付属のto

❶(人が) **A (団体・組織など) に所属する**、A の一員である
❷(物が) A (団体・組織など) の所有である
❸(分類上) A に属する

□ 206
stick to A
❶執着のto
🔄A にくっつく、粘着する

❶**A (主義・決定など) を固守 [堅持] する**；A (約束) を守り通す (≒ adhere to A)
❷A (仕事・勉強) に専念する
❸A (主題など) からそれない

□ 207
to some [a certain] **extent** [degree]
❶程度のto ➕extent, degree＝程度

ある程度 (≒ in part)

□ 208
to A's **surprise**
❶結果のto
➕surprise＝驚き

(A が) **驚いたことには**、意外にも ➕much を最初に置いて強調することも多い

Day 12 🎧 034
Quick Review
答えは右ページ下

☐ 順序正しく ☐ 使われている ☐ 困って ☐ 危険な状態で ☐ 見える所に ☐ 急いで ☐ 流行して ☐ A を追って ☐ 時代遅れの ☐ 制御できない ☐ 見えない所に ☐ 故障して ☐ 失業中で ☐ 問題にならない ☐ 息を切らして ☐ 流行していない

Check 2　Phrases 🎧 038

- □ compare her work to his（彼女の作品を彼の作品と比較する）
- □ compare life to a journey（人生を旅に例える）

- □ prefer beef to pork（豚肉よりも牛肉を好む）

- □ be similar to each other（お互いに似ている）

- □ lead to flooding（洪水を引き起こす）
- □ lead to the arrest of the murderer（殺人犯の逮捕につながる）

- □ belong to the basketball club（バスケットボール部に所属している）
- □ belong to the school（[物が] 学校の所有である）

- □ stick to A's decision（決心を守り抜く）
- □ stick to A's word（約束に忠実である）

【Pop Quiz!】
out of the questionを1語で言い換えると?
▶ 答えは見出し番号190でチェック!

- □ much to A's surprise（大変驚いたことには）

Check 3　Sentences 🎧 039

- □ They compared sales figures for the second quarter to the first quarter.（彼らは第2四半期の売上高を第1四半期と比べた）

- □ She prefers tea to coffee.（彼女はコーヒーよりも紅茶が好きだ）

- □ Her voice is very similar to her mother's.（彼女の声は彼女の母親の声と非常に似ている）

- □ High cholesterol levels may lead to a heart attack.（高いコレステロール値は心臓発作を引き起こすことがある）

- □ He plays the violin and belongs to the city orchestra.（彼はバイオリンが弾けて、市のオーケストラに入っている）

- □ Once you set a goal, you should stick to it.（目標を定めたなら、それを守り抜くべきだ）

- □ I could understand what the professor said to some extent.（私は教授が言ったことをある程度は理解できた）

- □ To everyone's surprise, she passed the entrance examination for Kobe University.（みんなが驚いたことに、彼女は神戸大学の入試に合格した）

□ in order	□ in sight	□ out of date	□ out of work
□ in use	□ in a hurry	□ out of control	□ out of the question
□ in trouble	□ in fashion	□ out of sight	□ out of breath
□ in danger	□ in pursuit of A	□ out of order	□ out of fashion

Day 14

前置詞
at

Check 1　　Chants 🎧 040

□ 209
at (the) least

❶ 極限の at
➕ least ＝最少

❶（数詞を含む語句の前・後で）**少なくとも**、最低に見積もっても（≒ not less than A　⇔ at most, not more than A）
❷ せめて、いずれにせよ
❸（前言を訂正して）そうではなく；もっと正確には

□ 210
at first

➕ first ＝初め

最初は、初めは（≒ in the beginning　⇔ in the end、at last、at length、finally）

□ 211
at A's best

➕ best ＝最上

（Aの）**最高の状態で**；（花などが）見ごろで；全盛で

□ 212
at (the) best

➕ best ＝最善

よくても、せいぜい（⇔ at worst）　➕「長所をすべて考慮してもそれほどよくはない」というニュアンス。「（数・量について）多くて（も）、せいぜい」を表す at (the) most との違いに注意

□ 213
at home

❶ 状態の at
🔄 在宅で；本国に［で］

❶ **くつろいで**
❷（Aに）慣れて、精通して（with [in] A）

□ 214
at work

➕ work ＝仕事

❶（人が）**仕事中で**［の］、働いている（≒ on duty, on the job）
❷（機械などが）作動中で
❸ 職場［会社］で

□ 215
at random

➕ random ＝でたらめの、無原則な

手当たり次第に、出任せに、でたらめに、無作為に
➕「明確な計画や目的なしに」というニュアンス

□ 216
at ease

➕ ease ＝気楽さ

❶ **安心した**［て］、気楽［安楽］な［に］（⇔ ill at ease）
❷ 休めの姿勢で；（命令文で）休め！　➕「気をつけ！」は Attention!

---

continued
▼

「at =時点・地点」と思いがちだけど、意外に多いのは「極限」と「状態」の用法。イメージをつかみながら押さえていこう。

□ 聞くだけモード　Check 1
□ しっかりモード　Check 1 ▶ 2
□ かんぺきモード　Check 1 ▶ 2 ▶ 3

Check 2　Phrases 🎧 041

□ **at least** 15 people（少なくとも15人）

【Pop Quiz!】
refer to Aを1語で言い換えると？
▶ 答えは見出し番号193でチェック！

【Pop Quiz!】
agree to Aと同じ意味の熟語は？
▶ 答えは見出し番号194でチェック！

【Pop Quiz!】
pay [give] attention to Aと同じ意味の熟語は？
▶ 答えは見出し番号197でチェック！

□ feel [be] **at home**（くつろぐ）
□ be **at home** in French（フランス語に堪能である）

□ Danger! Men **at work**（危険！工事中）➕標識でよく使われる

□ choose A **at random**（無作為にAを選ぶ）

□ feel [be] **at ease**（安心する、気持ちが楽になる）
□ put A's mind **at ease**（Aを安心させる）

Check 3　Sentences 🎧 042

□ It will take eight months **at least** to build the building.（そのビルを建設するのに少なくとも8カ月かかるだろう）

□ **At first**, I was against him, but now I understand his point.（最初は私は彼に反対だったが、今は彼の意図を理解している）

□ The plum blossoms are now **at their best**.（梅の花は今、満開となっている）

□ **At best**, sales will be 10 percent below last year.（売り上げは、よくても昨年より10パーセント下がるだろう）

□ Make yourself **at home** and have some tea.（どうぞ楽にして紅茶をお飲みください）

□ He'll be **at work** until 8 p.m. today.（今日、彼は午後8時まで働く予定だ）

□ They selected the restaurants **at random** on the internet.（彼らはネットで手当たり次第にレストランを選んだ）

□ His explanation put her mind **at ease**.（彼の説明で彼女は安心した）

continued
▼

Check 1　　Chants 🎧 040

□ 217
at a loss
➕loss＝損失

▶ ❶**途方に暮れて**、当惑して
❷（Aに）困って（for A）
❸損をして

□ 218
call at A
❶時点・地点のat

▶ **A（場所）に立ち寄る**　➕主に英国用法。米国ではstop by Aを使うことが多い。「A（人）をちょっと訪ねる」はcall on [upon] A

□ 219
at a time

▶ **一度に**：続けざまに

□ 220
at a glance
❶原因のat
➕glance＝ちらりと見ること、一見

▶ **一目見ただけで**、一見して：すぐに

□ 221
at A's expense
❶代償のat
➕expense＝費用

▶ ❶**A（人）の費用**[金]**で**、A（人）の負担で
❷A（人）をだしにして

□ 222
at any rate
➕rate＝程度

▶ **とにかく**、いずれにしても（≒in any case [event]、anyway）

□ 223
at all costs
＝ at any cost
➕cost＝（時間などの）犠牲

▶ **どんな犠牲**[努力]**を払っても**、ぜひとも

□ 224
stare at [into] A
❶目標のat

▶ **Aをじっと見つめる**、凝視する　➕「驚きや関心があったり、何かを考え込んだりしながら、長い間目を動かさずに見つめる」というニュアンス

80 ▸ 81

Check 2　Phrases 🎧 041

☐ **be at a loss what to do**（何をしたらいいか途方に暮れている）

☐ **be at a loss for words**（言葉に窮する［詰まる］）

☐ **call at her house**（彼女の家に立ち寄る）

☐ **one [two] at a time**（一度に1つ［2つ］）

【Pop Quiz!】
be used to Aと同じ意味の熟語は？
▶ 答えは見出し番号199でチェック！

☐ **at the participants' expense**（参加者の費用［負担］で）

【Pop Quiz!】
stick to Aと同じ意味の熟語は？
▶ 答えは見出し番号206でチェック！

【Pop Quiz!】
to some [a certain] extent [degree] と同じ意味の熟語は？
▶ 答えは見出し番号207でチェック！

☐ **stare at him in disbelief**（信じられない様子で彼をじっと見つめる）

Check 3　Sentences 🎧 042

☐ **When he asked her out for a date, she was at a loss for words.**（彼が彼女をデートに誘ったとき、彼女は何と言っていいか分からなかった）

☐ **I called at his house on the way to school.**（私は学校に行く途中で彼の家に立ち寄った）

☐ **I can only do one thing at a time.**（私は一度に1つのことしかできない）

☐ **I saw at a glance that the concert hall was full of people.**（私は一見して、コンサートホールは満員だと分かった）

☐ **They ate and drank a lot at my expense.**（彼らは私のお金でたらふく飲み食いした）

☐ **At any rate, that's what he said.**（［真意は分からないが］とにかく、それが彼が言ったことだ）

☐ **You must finish the work by tomorrow at all costs.**（何としても、あなたは明日までにその仕事を仕上げなくてはならない）

☐ **They stared at the damage the typhoon had caused.**（彼らは台風がもたらした被害をじっと見つめていた）

Day 13 🎧 037
Quick Review
答えは左ページ下

☐ refer to A
☐ agree to A
☐ occur to A
☐ owe A to B
☐ pay attention to A
☐ give birth to A
☐ be used to A
☐ be known to A
☐ compare A to B
☐ prefer A to B
☐ be similar to A
☐ lead to A
☐ belong to A
☐ stick to A
☐ to some extent
☐ to A's surprise

Check 1   Chants 🎧 043

□ 225
search for A
❶目的のfor

A を探す、求める（≒ look for A、hunt for A）

□ 226
wish for A

A を望む、欲する ❶「起こりそうもないこと・不可能なことを望む」というニュアンス

□ 227
long for A

A を待ち望む、思い焦がれる、切望する（≒ yearn for A）

□ 228
for sale

売り物の、売りに出した（≒ on sale）

□ 229
for the benefit
[sake, good] of A
= for A's benefit [sake, good]

A の（利益の）ために

❶benefit、sake、good＝利益、ため

□ 230
be responsible for A
❶関連のfor

❶**A に責任がある**、責任を取るべきである
❷A の原因である

□ 231
for the most part
❶part＝部分

大部分は、大抵は、多くは（≒ mostly）

□ 232
for A's part
❶part＝分担、役割

A としては、A の考えでは、A に関する限り（≒ as far as A is concerned [A goes]） ❶「ほかの人の意見や考えなどと比較して、自分としては」というニュアンス

continued
▼

前置詞の中でも用法が特に多いのがfor。用法の細かな違いはあまり気にしないで、「固まり」として意味を押さえていくのも大切！

□ 聞くだけモード　Check 1
□ しっかりモード　Check 1 ▶ 2
□ かんぺきモード　Check 1 ▶ 2 ▶ 3

CHAPTER
1

CHAPTER
2

CHAPTER
3

CHAPTER
4

CHAPTER
5

Check 2　Phrases 🎧 044

□ search for a parking space
（駐車スペースを探す）

□ wish for fame（名声を欲する）

□ long for peace（平和を待ち望む）

□ be (put up) for sale（売りに出されている）

□ for the benefit of the public
（一般の人々のために）
□ for her benefit（彼女のために）

□ be responsible for safety（安全に責任がある）
□ be responsible for the delay
（遅れの原因である）

【Pop Quiz!】
at firstと同じ意味の熟語は？
▶ 答えは見出し番号210でチェック！

□ for my part（私としては、私に関する限り）

Check 3　Sentences 🎧 045

□ The police are searching for the missing girl.（警察は行方不明の少女を探している）

□ When he was little, he used to wish for an older brother.（小さいころ、彼はお兄さんを欲しがったものだ）

□ He's been longing for her arrival.
（彼は彼女の到着を待ち望んでいる）

□ The house was recently put up for sale.（その家は最近、売りに出された）

□ She interpreted the speech for my benefit.（彼女は私のためにその演説を通訳してくれた）

□ Parents are responsible for their kids' actions.（親は子どもの行動に責任がある）

□ For the most part, they are very friendly.（大抵の場合、彼らはとても友好的だ）

□ For his part, he knew what the problem was.（彼としては、何が問題であるかは分かっていた）

continued
▼

Check 1   Chants 🎧 043

□ 233
for a while
❶ 期間の for
➕ while =（少しの）期間

しばらくの間

□ 234
take A for B
❶ 特性の for
🈯 A を B として受け取る

❶ **A を B だと思う**
❷ 誤って A を B だと思い込む（≒ mistake A for B）

□ 235
for sure [certain]
➕ sure、certain ＝確実な

確かに [な]、確実に [な]　➕ for certain のほうが確信度が強い

□ 236
stand for A
❶ 代用の for
🈯 A に敬意を表して立ち上がる

❶ **A を意味する**、表す、象徴する（≒ represent、mean）；A の略である
❷ A を支持する、A の味方をする（≒ support）
❸ A に立候補する　➕ 主に英国用法（≒ run for A）

□ 237
for nothing
➕ nothing ＝無；価値のないこと

❶ **無料で**、無償で（≒ for free、free of charge、free）
❷ これといった理由もなく、無駄に

□ 238
watch out for A
❶ 準備の for

（通例命令文で）**A に警戒する**、用心 [注意] する（≒ look out for A）

□ 239
for lack [want] of A
❶ 理由の for
➕ lack、want ＝不足；欠乏

A が足りないため、不十分なため；A がないため　➕ for want of A のほうがフォーマルな表現

□ 240
head for [toward] A
❶ 方向の for

A に向かって進む；A（ある事態）へ進んでいる、進行している

| Day 14 🎧 040 Quick Review 答えは右ページ下 | □ 少なくとも □ 最初は □ 最高の状態で □ よくても | □ くつろいで □ 仕事中で □ 手当たり次第に □ 安心した | □ 途方に暮れて □ A に立ち寄る □ 一度に □ 一目見ただけで | □ A の費用で □ とにかく □ どんな犠牲を払っても □ A をじっと見つめる |

84 ▼ 85

Check 2　Phrases 🎧 044

【Pop Quiz!】
at workと同じ意味の熟語は？
▶ 答えは見出し番号214でチェック！

□ take it for the truth（それを真実だと思う）
□ take him for a doctor（彼を医者だと思い込む）

【Pop Quiz!】
at any rateと同じ意味の熟語は？
▶ 答えは見出し番号222でチェック！

□ stand for disarmament（軍縮を支持する）
□ stand for mayor（市長に立候補する）

□ get A for nothing（Aを無料でもらう）
□ worry for nothing（何の理由もなく心配する）

□ watch out for cars（車に注意する）

□ for lack of funds（資金不足のため）
□ for lack of evidence（証拠不十分のため）

□ head for home（家に向かう、帰途に就く）

Check 3　Sentences 🎧 045

□ He will stay in Tokyo for a while.
（彼はしばらくの間、東京に滞在する予定だ）

□ Don't take me for a fool.（私をばかだと思わないでください）

□ Nobody knows for sure what will happen in the future.（将来何が起こるか誰も確実には分からない）

□ UNESCO stands for the United Nations Educational, Scientific and Cultural Organization.（ユネスコは国連教育科学文化機関の略である）

□ I got this TV for nothing from my friend.（私はこのテレビを友人からただでもらった）

□ You must watch out for pickpockets at the market.（市場ではすりに注意しなければならない）

□ She couldn't find a job, but it wasn't for lack of trying.（彼女は仕事を見つけられなかったが、それは努力が足りないためではなかった）

□ The situation is heading for disaster.（状況はひどい方向へ進んでいる）

Day 14 🎧 040
Quick Review
答えは左ページ下

□ at least
□ at first
□ at A's best
□ at best

□ at home
□ at work
□ at random
□ at ease

□ at a loss
□ call at A
□ at a time
□ at a glance

□ at A's expense
□ at any rate
□ at all costs
□ stare at A

Day 16 前置詞

of

Check 1　Chants 🎧 046

□ 241
think of [about] A
❶関連のof
▶

❶**Aについて考える**、思う、思考する
❷Aを熟考［検討］する
❸(think of A as Bで) AをBと見なす、考える (≒ see A as B、view A as B、regard A as B、look on A as B)
▶

□ 242
hear of A
▶

Aの消息［うわさ、存在］**を聞く**、Aについて伝え聞く　❶hear from Aは「Aから連絡［手紙、電話、伝言］をもらう」
▶

□ 243
dispose of A
▶

❶**Aを処理**［始末、整理］**する**、片づける、(≒ get rid of A、do away with A)
❷Aを売却する
❸A（敵など）を打ち破る (≒ defeat)
▶

□ 244
inform A **of** [about] B
▶

A（人）**にB**（ニュースなど）**について知らせる**、通知する
▶

□ 245
remind A **of** [about] B
▶

A（人）**にB**（人・事・物）**を気づかせる**、思い出させる
▶

□ 246
accuse A **of** B
▶

❶**A**（人）**をB**（犯罪など）**のかどで告発**［告訴、起訴］**する**、訴える
❷A（人）をB（不正行為など）のかどで非難する、責める (≒ blame A for B)
▶

□ 247
be **proud of** A
▶

Aを誇り［光栄、自慢］**に思っている** (≒ take pride in A)
▶

□ 248
be **sure** [certain] **of** [about] A
▶

Aを確信している (≒ be confident of [about] A、be convinced of A)　❶be certain of [about] Aのほうが確信度が強い
▶

continued ▼

「〜について」を表す「関連」以外で、前置詞ofで注意したいのは「分離」の用法。動詞の目的語のAを「Aから」と訳すところに要注意！

□ 聞くだけモード　Check 1
□ しっかりモード　Check 1 ▶ 2
□ かんぺきモード　Check 1 ▶ 2 ▶ 3

Check 2　Phrases 🎧 047

□ think of **any other way** (ほかの方法を考える)
□ think of **a name for the baby** (赤ちゃんの名前を考える) ▶

□ hear of **her** (彼女の消息を聞く)

□ dispose of **industrial waste** (産業廃棄物を処理する)
□ dispose of **furniture** (家具を売却する) ▶

□ inform **them** of the news (彼らにそのニュースについて知らせる) ▶

□ remind **him** of the meeting (彼にその会議 [があること] を気づかせる) ▶

□ accuse **him** of theft (彼を窃盗のかどで訴える)
□ accuse **her** of lying (彼女をうそをついていると責める) ▶

□ be proud of **oneself** (自分に誇りを持つ) ▶

□ be sure of **his success** (彼の成功を確信している) ▶

Check 3　Sentences 🎧 048

□ He always thinks of **her.** (彼はいつも彼女のことを考えている)

□ I've heard of **the author, but I've never read anything by him.** (その作家のことは聞いたことがあるが、彼の作品を読んだことは一度もない)

□ Disposing of **nuclear waste isn't easy.** (核廃棄物を処理することは簡単ではない)

□ He informed **us** of **his safe arrival.** (彼は私たちに無事に到着したことを知らせてきた)

□ He reminded **her** of **the party that evening.** (彼は彼女にその晩のパーティーについて念を押した)

□ The man was accused of **murder.** (その男は殺人のかどで起訴された)

□ She is proud of **her son.** (彼女は息子を誇り [自慢] にしている)

□ The prosecutors are sure of **the defendant's guilt.** (検察側はその被告人の有罪を確信している)

continued
▼

Check 1　Chants 🎧 046

□ 249
be **fond** of A

A が大好きである　➕like よりくだけた表現

□ 250
consist of A
❶構成の of

A から成り立つ [成り立っている]、構成される（≒ be composed of A、be made up of A）　➕consist in A は「（本質的なものが）A に存在する、本来 A にある」

□ 251
rob A **of** B
❶分離の of

A（人・場所）から B（金・物など）を奪う、強奪する（≒ deprive A of B、strip A of B）

□ 252
deprive A **of** B

A（人・物）から B（人・物・地位など）を奪う（≒ rob A of B、strip A of B）；A に B を与えない　➕「必要な物・欲しい物を取り上げる」というニュアンス

□ 253
be **independent**
of A

❶A に頼っていない、依存していない（⇔ be dependent on [upon] A）
❷A から独立している、支配を受けていない
❸A と関係 [関連] がない

□ 254
die of [from] A
❶原因の of

A（病気などが原因）で死ぬ　➕通例、病気には of、けがには from を用いるが、厳密には区別されないことも多い

□ 255
be **tired of** A

A にうんざりしている、A に飽きている　➕be tired from A は「A で疲れている」

□ 256
of importance
[significance]
❶性質の of

重要な（≒ important、significant）

➕importance、significance ＝重要性

Check 2　　Phrases 🎧 047

☐ be fond of **her**（彼女のことが大好きである）

☐ grow fond of **A**（Aが大好きになる）　▶

☐ consist of **eight members**（8人の委員から成る）　▶

☐ rob **him** of **his fortune**（彼から財産を奪う）

☐ be robbed of **A**（Aを奪われる）　▶

☐ deprive **her** of **her liberty**（彼女から自由を奪う）　▶

☐ be independent of **A's parents**（親に依存していない）

☐ become independent of **the mother country**（母国から独立する）　▶

☐ die of **cancer**（がんで死ぬ）　▶

☐ be tired of **working long hours**（長時間労働にうんざりしている）　▶

☐ an issue of **importance**（重要な問題）

☐ of **great** importance（非常に重要な）　▶

Check 3　　Sentences 🎧 048

☐ **She is fond of playing the violin.**
（彼女はバイオリンを弾くのが大好きだ）

☐ **The class consists of 36 students.**
（そのクラスは36人の生徒から成っている）

☐ **The man robbed her of her purse.**
（その男は彼女から財布を奪った）

☐ **Children living in poverty tend to be deprived of their right to education.**（貧困の中で暮らしている子どもたちは、教育を受ける権利を奪われがちである）

☐ **He is independent of his parents both economically and mentally.**（彼は経済的にも精神的にも親に頼っていない）

☐ **Many people died of pneumonia before penicillin was available.**（ペニシリンが利用できるようになる前は、多くの人が肺炎で死んだ）

☐ **I'm tired of his excuses.**（私は彼の言い訳にうんざりしている）

☐ **The environmental problem is of great importance to society.**（環境問題は社会にとって非常に重要である）

Day 15 🎧 043
Quick Review
答えは左ページ下

☐ search for A
☐ wish for A
☐ long for A
☐ for sale

☐ for the benefit of A
☐ be responsible for A
☐ for the most part
☐ for A's part

☐ for a while
☐ take A for B
☐ for sure
☐ stand for A

☐ for nothing
☐ watch out for A
☐ for lack of A
☐ head for A

Check 1　Chants 🎧 049

☐ 257
provide A with B
❶材料のwith

A（人など）に B（必要な物など）を供給 [提供] する、与える（≒ supply A with B）　➊provide A with B は provide B for A に言い換え可能

☐ 258
be filled with A

❶（場所・容器などが）A でいっぱいである、満たされている
❷（人・心などが）A（感情など）でいっぱいになっている、満たされている

☐ 259
deal with A
❶対象のwith

❶A（問題など）を処理 [処置] する、A（問題など）に対処する（≒ cope with A、attend to A）
❷A（人）に対して振る舞う、行動する
❸A（人・会社など）と取引する
❹A（事柄）を論じる、扱う

☐ 260
interfere with A

A を妨げる、邪魔する

☐ 261
cope with A

❶A（問題など）に（うまく）対処する、A をうまく処理する（≒ deal with A、attend to A）
❷A と（対等に）対抗する、争う

☐ 262
catch up with A

❶A に追いつく　➊keep up with A は「A に遅れないでついていく」
❷A（犯罪者など）を逮捕 [処罰] する
❸（行為などが）A（人）に悪い結果をもたらす

☐ 263
put up with A

A を我慢する、A に耐える　➊bear、endure、tolerate よりくだけた表現

☐ 264
do away with A

❶A を処分する、捨てる（≒ get rid of A、dispose of A）；A を廃止する（≒ abolish）
❷A を殺す（≒ kill）

continued
▼

前置詞withで一番多いのは、行為の「対象」を表す用法。このほか、withの原意である「敵対」を使った熟語なども押さえよう！

□ 聞くだけモード　Check 1
□ しっかりモード　Check 1 ▶ 2
□ かんぺきモード　Check 1 ▶ 2 ▶ 3

Check 2　Phrases 🎧 050

□ provide **them** with **information** （彼らに情報を提供する）

□ be filled with **water** （水でいっぱいである）
□ be filled with **sorrow [joy]** （悲しみ [喜び] で満たされている）

□ deal with **the problem** （その問題を処理する）
□ deal with **the company** （その会社と取引する）

□ interfere with **his work** （彼の仕事の邪魔をする）

□ cope with **difficulties** （難局に対処する）
□ cope with **him in English** （彼と英語で競い合う）

□ **run to** catch up with **him** （彼に追いつくために走る）
□ catch up with **the class** （[勉強などで] 級友たちに追いつく）

□ **put** up with **his arrogance** （彼のごう慢さに耐える）

□ do away with **the death penalty** （死刑を廃止する）

Check 3　Sentences 🎧 051

□ **Newspapers** provide us with **the facts**. （新聞は私たちに事実を知らせてくれる）

□ **The store was** filled with **shoppers**. （その店は買い物客でいっぱいだった）

□ **The government has to** deal with **social problems**. （政府は社会問題に対処しなければならない）

□ **The noise from the street** interfered with **my sleep**. （通りの騒音が私の眠りを妨げた）

□ **The government is struggling to** cope with **a fiscal crisis**. （政府は財政危機に対処しようと懸命になっている）

□ **You can go ahead and I'll** catch up with **you in a minute**. （先に行ってください。すぐに追いつきますから）

□ **I can't** put up with **the noise any more**. （私はこれ以上騒音に我慢できない）

□ **She** did away with **some of her old clothes**. （彼女は古着を何着か処分した）

continued
▼

Check 1　　Chants 🎧 049

□ 265
help A **with** B
▶

A（人）のB（仕事など）**を手伝う**
▶

□ 266
be **familiar with** A
▶

Aをよく知っている、熟知している、Aに精通している　➕be familiar to Aは「Aによく知られている」
▶

□ 267
agree with A
❶一致のwith
▶

A（人）と意見が一致する、A（意見など）に同意する（≒go along with A　⇔disagree with A）
▶

□ 268
compete with
　　　　　[against] A
❶敵対のwith
▶

Aと競う、競争する、張り合う
▶

□ 269
be **faced with** A
▶

A（困難など）**に直面している**（≒be confronted with A）
▶

□ 270
with care
❶様態のwith
➕care＝注意
▶

注意して（≒carefully）
▶

□ 271
with ease
➕ease＝容易さ
▶

容易に、楽々と、やすやすと（≒easily　⇔with difficulty）
▶

□ 272
with pleasure
➕pleasure＝喜び
▶

❶**喜んで**、快く
❷（快諾の返答として）喜んで、いいですとも、かしこまりました
▶

Day 16 🎧 046
Quick Review
答えは右ページ下

□ Aについて考える　□ AにBを気づかせる　□ Aが大好きである　□ Aに頼っていない
□ Aの消息を聞く　□ AをBのかどで告発する　□ Aから成り立つ　□ Aで死ぬ
□ Aを処理する　□ Aを誇りに思っている　□ AからBを奪う　□ Aにうんざりしている
□ AにBについて知らせる　□ Aを確信している　□ AからBを奪う　□ 重要な

Check 2　Phrases 🎧 050

□ help **her** with **her homework**
（彼女の宿題を手伝う）

□ be familiar with **this area**（この地域のことをよく知っている；この分野に精通している）

□ agree with **him**（彼と意見が一致する）
□ agree with **her opinion**（彼女の意見に同意する）

□ compete with **him**（彼と競い合う）
□ compete with **foreign companies**（海外企業と競争する）

□ be faced with **difficulties**（難局に直面している）

□ drive with care（注意して車を運転する）
□ with **great** care（細心の注意を払って）

□ learn A with ease（Aを容易に覚える）

□ help A with pleasure（快くAを手伝う）

Check 3　Sentences 🎧 051

□ **Husbands and wives should** help **each other** with **the housework.**（夫と妻はお互いの家事を手伝うべきだ）

□ **They became** familiar with **each other and began to understand each other.**（彼らはお互いをよく知るようになり、お互いを理解し始めた）

□ **I** agree with **what he said.**（私は彼の言ったことに同意している）

□ **I can't** compete with **him when it comes to mathematics.**（数学のことになると、私は彼にはかなわない）

□ **The country is now** faced with **an economic crisis.**（その国は現在、経済的危機に直面している）

□ **"Fragile,** handle with care.**"**（「壊れ物につき、取り扱い注意」）

□ **He won the game** with ease.（彼はその試合に楽勝した）

□ **I'll go with you** with pleasure.（喜んであなたと同行します）

Day 16 🎧 046
Quick Review
答えは左ページ下

□ think of A	□ remind A of B	□ be fond of A	□ be independent of A
□ hear of A	□ accuse A of B	□ consist of A	□ die of A
□ dispose of A	□ be proud of A	□ rob A of B	□ be tired of A
□ inform A of B	□ be sure of A	□ deprive A of B	□ of importance

Check 1   Chants 🎧 052

□ 273
be **free from** [of] A

❶分離のfrom

A（不快なもの・心配・苦痛など）**を免れている**、Aに悩まされていない

□ 274
far from A

㉖Aから遠い

決してAでない、Aにはほど遠い、Aどころか（≒by no means A）

□ 275
come from A

❶起源のfrom
㉖Aから来る

❶**Aの出身である**；（物が）Aの産物である、Aの製品である
❷Aから生じる、Aに由来する　❹derive from Aよりくだけた表現

□ 276
result from A

Aに起因［由来］**する**、A（原因・条件など）から結果として生じる［起こる］　❹result in Aは「Aという結果になる」

□ 277
derive from A

❶**Aに由来**［派生］**する**　❹「そこから生まれて発展する」というニュアンス。come from Aよりフォーマルな表現
❷(derive A from Bで) A（利益・楽しみなど）をB（本源となるもの）から得る、引き出す

□ 278
date from [back to] A

（物・事が）**A**（特定の時期・時代）**にさかのぼる**、起源を持つ

□ 279
distinguish A
from B

❶相違のfrom

AをBと区別［識別］**する**、見分ける　❹tell A from Bよりフォーマルな表現。distinguish between A and Bは「AとBの間の相違を見分ける」

□ 280
tell A from B

AをBから区別［識別］**する**、AとBとの区別［識別］ができる　❹distinguish A from Bよりくだけた表現

continued
▼

前置詞 from で難しいのは、「〜から離れて」という原意から派生した「抑制」の用法。「〜させない」を表す熟語たちに注意！

□ 聞くだけモード　Check 1
□ しっかりモード　Check 1 ▶ 2
□ かんぺきモード　Check 1 ▶ 2 ▶ 3

Check 2　Phrases 🎧 053

□ **be free from worry** (心配事がない)

□ **be far from satisfied** (決して満足していない)

□ **come from Osaka** (大阪の出身である)

□ **result from poor diet** ([病気などが] 不十分な食生活に起因する)

□ **derive from the same source** (同じ源から派生する)

□ **date from 2000 B.C.** (紀元前2000年にさかのぼる)

□ **distinguish a male chick from a female** (雄のヒヨコを雌と区別する)

□ **tell the copy from the original** (複製を本物と見分ける)

Check 3　Sentences 🎧 054

□ **No one is free from prejudice.** (偏見のない人はいない)

□ **The current situation is far from positive.** (現在の状況は決して楽観できるものではない)

□ **"Where do you come from?" "Japan."** (「出身はどちらですか?」「日本です」)

□ **The fire resulted from a gas explosion.** (その火事はガス爆発が原因だった)

□ **The word "tsunami" derives from Japanese.** (「ツナミ (津波)」という言葉は日本語に由来する)

□ **This temple dates from the 7th century.** (この寺の歴史は7世紀にさかのぼる)

□ **You should distinguish good from bad.** (あなたは善悪を区別すべきだ)

□ **I can't tell whiskey from brandy.** (私はウイスキーとブランデーの区別がつかない)

continued
▼

Check 1　Chants 🎧 052

□ 281
be **different from** A

Aと異なっている、違っている　➕米国ではfromの代わりにthanを使うこともある。differ from Aよりくだけた表現

□ 282
refrain from A
❶抑制のfrom

Aを差し控える、慎む、我慢する（≒abstain from A）　➕keep from Aよりフォーマルな表現

□ 283
prevent A from
　　　　doing

A（人）が〜するのを妨げる [邪魔する]（≒prohibit A from doing）；A（病気など）が〜するのを予防する　➕keep A from doing、stop A from doingよりフォーマルな表現

□ 284
keep A from doing

Aに〜をさせない（ようにする）（≒stop A from doing）　➕prevent A from doingよりくだけた表現

□ 285
stop A from doing

Aが〜するのを妨げる [止める、やめさせる]（≒keep A from doing）　➕prevent A from doingよりくだけた表現

□ 286
prohibit A from
　　　　doing

❶**Aが〜するのを禁止する** [差し止める]（≒ban A from doing、forbid A from doing [to do]）　➕「公式に禁止する」というニュアンス
❷Aが〜するのを妨げる（≒prevent A from doing、keep A from doing、stop A from doing）

□ 287
suffer from A
❶原因のfrom

Aに苦しむ、悩む；（病気）を患う、病む

□ 288
be **tired from** A

Aで疲れている、くたびれている　➕be tired of Aは「Aにうんざりしている」

Day 17 🎧 049
Quick Review
答えは右ページ下

□ AにBを供給する
□ Aでいっぱいである
□ Aを処理する
□ Aを妨げる

□ Aに対処する
□ Aに追いつく
□ Aを我慢する
□ Aを処分する

□ AのBを手伝う
□ Aをよく知っている
□ Aと意見が一致する
□ Aと競う

□ Aに直面している
□ 注意して
□ 容易に
□ 喜んで

Check 2　Phrases 🎧 053

☐ be different from each other
(お互いに違っている)

☐ refrain from drinking（飲酒を慎む）

☐ prevent the disease from spreading （その病気が広がるのを防ぐ）

☐ keep her from going there
（彼女にそこへ行かせない）

☐ stop them from fighting （彼らのけんかをやめさせる）

☐ prohibit children from swimming in the pond （子どもたちがその池で泳ぐのを禁止する）

☐ suffer from a headache （頭痛に苦しむ）
☐ suffer from poverty （貧困に苦しむ）

☐ be tired from the long trip （長旅で疲れている）

Check 3　Sentences 🎧 054

☐ Japanese grammar is very different from English grammar. （日本語の文法は英語の文法とかなり違う）

☐ We are expected to refrain from chatting during lectures. （講義中はおしゃべりを差し控えるよう求められている）

☐ Bad weather prevented them from reaching the summit. （悪天候が彼らが頂上に到達するのを妨げた）

☐ The movie was so boring that she could hardly keep herself from falling asleep. （映画があまりに退屈だったので、彼女は眠りに落ちるのを止められなかった）

☐ He couldn't stop himself from laughing. （彼は笑うのを我慢できなかった）

☐ The authorities prohibited the ship from entering port. （当局はその船が入港するのを禁じた）

☐ She's been suffering from asthma. （彼女はぜん息を患っている）

☐ She was tired from studying all day. （彼女は1日中勉強して疲れていた）

Day 17 🎧 049
Quick Review
答えは左ページ下

☐ provide A with B
☐ be filled with A
☐ deal with A
☐ interfere with A

☐ cope with A
☐ catch up with A
☐ put up with A
☐ do away with A

☐ help A with B
☐ be familiar with A
☐ agree with A
☐ compete with A

☐ be faced with A
☐ with care
☐ with ease
☐ with pleasure

Check 1　Chants 🎧 055

□ 289
by hand
❶ 手段のby

❶（機械でなく）**手製で**、手で
❷ 自筆で、手書きで
❸（郵便でなく）手渡しで

□ 290
by heart
➕ heart ＝心

暗記して、そらで

□ 291
by accident [chance]
❶ 原因のby
➕ accident、chance ＝偶然

偶然に、ふとしたことで（≒ accidentally ⇔ on purpose、deliberately）

□ 292
by mistake
➕ mistake ＝誤り、間違い

誤って、間違って　➕「意図していなかったが間違って」というニュアンス

□ 293
stand by A
❶ 位置のby
🔙 Aのそばに立つ

❶ **A（決定など）を固守する**、A（約束など）を守る
❷ A（人）を支持 [支援] する（≒ support）　➕「苦境にある人を支持する」というニュアンス
❸（stand by で）（Aに備えて）待機する（for A）
❹（stand by で）傍観する

□ 294
one by one
❶ 単位のby

1人 [1つ] **ずつ**

□ 295
little by little

少しずつ、徐々に（≒ bit by bit、gradually）

□ 296
by nature
❶ 関連のby
➕ nature ＝本質、性質

生まれつき、生まれながらに、生来、本来

continued
▼

今日で前置詞を使った熟語は最後。asは「〜として」のみだけど、byにはいろいろな用法がある。繰り返しの学習で定着させよう！

☐ 聞くだけモード　Check 1
☐ しっかりモード　Check 1 ▶ 2
☐ かんぺきモード　Check 1 ▶ 2 ▶ 3

Check 2　Phrases 🎧 056

☐ **cookies made** by hand (手作りのクッキー)
☐ **write a letter** by hand (自筆の手紙を書く)

☐ **learn English words** by heart (英単語を暗記する)

☐ **meet him** by accident (彼に偶然出会う)

☐ **delete the files on the computer** by mistake (コンピューター上のファイルを誤って削除する)

☐ **stand** by **A's decision** (決意を守り通す)
☐ **stand** by **a friend in need** (困っている友人の力となる)

☐ **eat peanuts** one by one (ピーナツを1つずつ食べる)

☐ **increase** little by little (少しずつ増加する)

☐ **be endowed with beauty** by nature (生まれながらに美ぼうに恵まれている)

Check 3　Sentences 🎧 057

☐ **This wedding dress was made** by hand. (このウエディングドレスは手製だ)

☐ **He knows the poem** by heart. (彼はその詩を暗記している)

☐ **She found the book** by accident. (彼女はその本を偶然見つけた)

☐ **He took the wrong train** by mistake. (彼は間違えて違う電車に乗った)

☐ **He stood** by **what he'd promised me.** (彼は私に約束したことを守った)

☐ One by one, **they received their high school diplomas.** (彼らは1人ずつ卒業証書を受け取った)

☐ Little by little, **the situation is improving.** (状況は少しずつ改善している)

☐ **She is talkative** by nature. (彼女は生来の話し好きだ)

continued
▼

Check 1　　Chants 🎧 055

□ 297
see A **as** B
❶「~として（の）」のas

AをBと見なす、考える、想像する（≒ view A as B、think of A as B、regard A as B、look on A as B）

□ 298
regard A **as** B

AをBと見なす、考える、思う（≒ see A as B、view A as B、think of A as B、look on A as B）

□ 299
as a result
　　　　[consequence]
➕result、consequence ＝結果

（前文の内容を受けて）（Aの）**結果として**（of A）、その結果　➕通例文頭に置く。as a consequence のほうがフォーマルな表現

□ 300
as such

❶**そういうものとして**、それなりに
❷それ自体では

□ 301
as a whole
➕whole ＝全体、全部

全体として（の）（≒ all in all）、ひとまとめで（の）；概して　➕通例、名詞の後に置く

□ 302
as a (general) **rule**
➕rule ＝習慣

一般に、概して、普通は（≒ generally）

□ 303
as a matter of fact
➕matter ＝事、fact ＝実際

実は、実を言うと

□ 304
**as a matter of
　　　　　course**
➕matter ＝事、course ＝自然な成り行き

当然のことながら、もちろん

Check 2　Phrases 🎧 056

□ see him as a little kid（彼を子どもと見なす）

□ regard the situation as stable（状況は安定していると見なす）

□ as a result of climate change（気候の変化の結果として）

□ treat A as such（Aをそういうものとして扱う）

□ the world as a whole（全体としての世界；世界全体）

【Pop Quiz!】
derive from A と同じ意味の熟語は？
▶ 答えは見出し番号277でチェック！

【Pop Quiz!】
distinguish A from B と同じ意味の熟語は？
▶ 答えは見出し番号279でチェック！

【Pop Quiz!】
prevent A from doing と同じ意味の熟語は？
▶ 答えは見出し番号283でチェック！

Check 3　Sentences 🎧 057

□ I can't see him as a teacher.（私は彼を先生とは思えない）

□ I regard Beethoven's Ninth Symphony as his best work.（私はベートーベンの交響曲第9番が彼の最高傑作だと思う）

□ As a result, he was late for the meeting.（[何か原因があって] その結果、彼は会議に遅れた）

□ Money, as such, does not necessarily make one happy.（お金それ自体は、必ずしも人を幸せにするわけではない）

□ His essay as a whole is well organized.（彼のエッセーは全体としてうまくまとめられている）

□ She comes to the office at 9 a.m. as a rule.（彼女は普通、午前9時に出社する）

□ As a matter of fact, he's still going out with her.（実を言うと、彼はまだ彼女とつき合っている）

□ Most people, as a matter of course, are against tax increases.（ほとんどの人は、当然のことながら増税に反対している）

□ be free from A	□ derive from A	□ be different from A	□ stop A from doing
□ far from A	□ date from A	□ refrain from A	□ prohibit A from doing
□ come from A	□ distinguish A from B	□ prevent A from doing	□ suffer from A
□ result from A	□ tell A from B	□ keep A from doing	□ be tired from A

Check 1　　Chants 🎧 058

☐ 305
go on
❶継続のon
㋨先へ進む、進み続ける

❶(Aを) **続ける** (with A) ; (〜し) 続ける (doing) (≒ continue)
❷続けて (〜) する (to do) ; (A [次の話題など] に) 進む (to A)
❸起こる、行われる (≒ take place、happen)

☐ 306
hold on
㋨続けていく

❶(しばしば命令文で) (電話を切らないで) **待つ** (≒ hang on) ; 止まる
❷(Aを) しっかりつかみ続ける (to A)
❸(Aを) 手放さない、売らずにおく (to A)
❹(困難な状況で) 頑張る、耐える

☐ 307
carry on

❶(A [仕事など] を) **続ける**、続行する (with A) ; (〜し) 続ける (doing) (≒ continue)
❷(carry on A [A on] で) Aを維持する、営む
❸(carry on A [A on] で) A (会話など) を行う、進める
❹醜態を演じる、取り乱す

☐ 308
take on A [A on]
❶所持のon
㋨Aを乗せる

❶**A** (仕事など) **を引き受ける** ; A (責任) を負う
❷(take on Aで) A (様相・色彩など) を帯びる、呈する
❸(競技などで) Aと対戦 [対決] する、Aに挑戦する
❹Aを雇う (≒ employ)

☐ 309
put on A [A on]
㋨Aを乗せる

❶**A** (服など) **を身に着ける** (⇔ take off A) ➕ 「Aを身に着けている」という状態は have on A [A on]、wear
❷A (機械) を動かす、働かす
❸A (音楽など) をかける
❹A (態度) を装う、Aのふりをする (≒ pretend)

☐ 310
try on A [A on]

Aを試着する ; (B [サイズ] が合うか) Aを着て [履いて、かぶって] みる (for B)

☐ 311
turn on A [A on]
❶作動のon

❶**A** (テレビ・明かりなど) **をつける** ; A (水・ガスなど) を出す (⇔ turn off A)
❷(turn on Aで) Aを突然攻撃する
❸(turn on Aで) A次第である (≒ depend on [upon] A)
❹A (人) に (Bに対して) 興味を抱かせる (to B)

☐ 312
hang on
❶付着のon

❶(Aに) **しっかりつかまる**、しがみつく (to A)
❷(通例命令文で) 待つ ; 電話を切らずにおく (≒ hold on)
❸(hang on Aで) Aに耳を傾ける
❹頑張り通す
❺(hang on Aで) A次第である (≒ depend on [upon] A)

continued
▼

今日から5日間は副詞の基本的な意味をチェック！ まずは、対義的な関係にあるonとoffを使った熟語を押さえていこう。

□ 聞くだけモード　Check 1
□ しっかりモード　Check 1 ▶ 2
□ かんぺきモード　Check 1 ▶ 2 ▶ 3

Check 2　Phrases 🎧 059

□ go on with the negotiations（交渉を続ける）
□ go on talking（話し続ける）

□ Hold on a minute.（しばらくお待ちください）
□ hold on to a strap（つり革につかまる）

□ carry on working（仕事を続ける）
□ carry on a conversation（会話をする）

□ take on a new role（新たな役割を担う）
□ take on a new light（新しい様相を呈する）

□ put on A's hat（帽子をかぶる）
□ put music on（音楽をかける）

□ try on the sweater（そのセーターを試着する）

□ turn on the TV（テレビをつける）
□ turn on the gas（ガスを出す）

□ hang on to the rope（ロープにしっかりつかまる）
□ hang on his every word（彼の一言一言に耳を傾ける）

Check 3　Sentences 🎧 060

□ You should go on with your work.（あなたは自分の仕事を続けたほうがいい）

□ "May I speak to Tom?" "Hold on."（「トムをお願いします」「お待ちください」）

□ The couple carried on dancing.（そのカップルは踊り続けた）

□ In the fall, maple trees take on red hues.（秋に、モミジの木々は紅葉する）

□ Hurry up and put your coat on.（急いでコートを着なさい）

□ She tried on the hat for size.（彼女はサイズが合うかどうかその帽子をかぶってみた）

□ Would you turn on the fan, please?（扇風機をつけてくれませんか？）

□ Hang on a second.（少々お待ちください）

continued ▼

Check 1　　Chants 🎧 058

☐ 313
turn off A [A off]
❶休止のoff

▶ ❶A（テレビ・明かりなど）**を消す**、A（水・ガスなど）を止める（≒ turn out A ⇔ turn on A）
❷（turn offで）脇道に入る
❸A（人）をうんざりさせる、A（人）に興味を失わせる ▶

☐ 314
put off A [A off]
元Aを取り去る

▶ ❶**Aを**（Bまで）**延期する**（till [until] B）　➕ postpone、delayよりくだけた表現
❷A（〜するの）を遅らせる（doing）
❸Aに嫌悪感を持たせる；Aに興味[食欲]を失わせる
❹Aを待たせる、退ける ▶

☐ 315
call off A [A off]
元Aを去らせる

▶ ❶**A**（予定の催し）**を中止する**、A（約束など）を取り消す（≒ cancel）
❷A（人・イヌなど）に攻撃[追跡]をやめさせる ▶

☐ 316
get off
❶分離のoff

▶ ❶（バスなどから）**降りる**（⇔ get on）；（get off Aで）A（バスなど）から降りる
❷（1日の）仕事を終える；（get off Aで）A（仕事）を終える
❸（A[軽い罰など]で）逃れる（with A） ▶

☐ 317
keep off
▶ ❶（Aに）**近寄らない**、（Aから）離れている（from A）；（keep off Aで）Aに近寄らない、行かない
❷（keep A off Bで）AをBに寄せつけない、近づけない
❸（keep off Aで）A（話題など）に触れない
❹（keep off Aで）A（体に悪いもの）を控える、慎む ▶

☐ 318
take off A [A off]
元Aを取り去る

▶ ❶**A**（衣服など）**を脱ぐ**；A（眼鏡など）を外す（⇔ put on A）
❷（take offで）（飛行機が）離陸する
❸（take offで）急いで立ち去る[出発する]
❹A（ある期間・日）を休暇として取る ▶

☐ 319
give off A
❶解放のoff

▶ A（におい・光・熱・音など）**を発する**、放つ（≒ emit、release）；A（雰囲気など）を漂わせる ▶

☐ 320
show off
❶強調のoff

▶ ❶**見えを張る**、いいところを見せようとする
❷（show off A [A off]で）Aを見せびらかす、誇示する
❸（show off A [A off]で）Aを引き立たせる、よく見せる ▶

| Day 19 🎧 055 Quick Review 答えは右ページ下 | ☐ 手製で ☐ 暗記して ☐ 偶然に ☐ 誤って | ☐ Aを固守する ☐ 1人ずつ ☐ 少しずつ ☐ 生まれつき | ☐ AをBと見なす ☐ AをBと見なす ☐ 結果として ☐ そういうものとして | ☐ 全体として ☐ 一般に ☐ 実は ☐ 当然のことながら |

Check 2　Phrases 🎧 059

□ turn off the engine（エンジンを切る）
□ turn off the faucet（蛇口を閉める）

□ put off the meeting（会議を延期する）
□ put off making a decision（決定を先送りにする）

□ call off the game（試合を中止する）

□ get off at the next bus stop（次のバス停で降りる）
□ get off work（仕事を終える）

□ Keep off!（立ち入り禁止！）
□ keep off the topic（その話題に触れない）

□ take off a coat（コートを脱ぐ）
□ take off for Sydney（シドニーへ向けて離陸する［出発する］）

□ give off a strong smell（強いにおいを発する）
□ give off poisonous gases（有毒ガスを放出する）

□ show off A's talents（才能を見せびらかす）

Check 3　Sentences 🎧 060

□ He forgot to turn off the heater when he left.（彼は出かけるときにヒーターを消すのを忘れた）

□ They put off the game till tomorrow.（彼らは試合を明日に延期した）

□ The search was called off due to darkness.（日没のため捜索は打ち切られた）

□ I got off the train at Shin-Osaka Station.（私は新大阪駅で列車を降りた）

□ Please keep off the grass.（芝生に入らないでください ➕公園などの掲示板で使われる）

□ Japanese people take off their shoes when entering their homes.（日本人は家に入るときに靴を脱ぐ）

□ The flower gives off a sweet fragrance.（その花は甘い香りを発している）

□ He tried to show off to his girlfriend.（彼は恋人にいいところを見せようとした）

Day 19 🎧 055 **Quick Review** 答えは左ページ下	□ by hand	□ stand by A	□ see A as B	□ as a whole
	□ by heart	□ one by one	□ regard A as B	□ as a rule
	□ by accident	□ little by little	□ as a result	□ as a matter of fact
	□ by mistake	□ by nature	□ as such	□ as a matter of course

Check 1　　Chants 🎧 061

□ 321
find out A [A out]
❶完了のout
㊓Aを見つけ出す

▶ ❶**Aを解明する**、Aの真相を知る；(find out Aで) A (〜) ということを発見する、知る (that節・wh節)
❷(find out で) (Aについて) 情報 [真相] を得る、調べる (about A)
❸A (悪事など) を見抜く；A (人) の正体を見破る ▶

□ 322
figure out A [A out]
㊓Aを計算する

▶ ❶**Aを解決する**、考え出す
❷(考えた末) Aを理解 [解釈、評価] する、Aが分かる (≒ make out A、understand) ▶

□ 323
carry out A [A out]
㊓Aを運び出す

▶ ❶**A (計画など) を実行 [実施] する** (≒ put [bring] A into practice)
❷A (約束・義務・命令など) を遂行する、果たす ▶

□ 324
make out A [A out]

▶ ❶(通例canを伴って) **Aを理解する** (≒ figure out A、understand)；Aを聞き [見] 分ける
❷A (小切手など) を作成する、書く
❸(make out で) 〜であると主張する (that節)
❹(make out で) うまくやる、成功する (≒ succeed) ▶

□ 325
stand out
❶出現のout
㊓突き出ている

▶ ❶**目立つ**、人目につく
❷(Aの中で) 傑出している、卓越している (from [among, above] A) ▶

□ 326
break out
㊓出て来る

▶ ❶(火事・戦争などが) **急に発生する**、勃発する
❷(A [習慣など] から) 脱する (of A) ➕ 「つまらなくなったのでやめる」というニュアンス
❸(吹き出物などが) 出てくる
❹(Aから) 脱獄する (of [from] A) ▶

□ 327
turn out A

▶ ❶**結局はAになる**、Aであることが判明する
❷(turn out A [A out]で) A (明かりなど) を消す (≒ turn off A)
❸(turn out で) (Aに) 出かける、出席する (for A)
❹(turn out A [A out]で) Aを生産する (≒ produce) ▶

□ 328
point out A [A out]

▶ ❶**Aを指摘する**、A (〜) ということを指摘する (that節)
❷Aを (Bに) 指し示す (to B) ▶

---

continued
▼

副詞 out の主な用法は「完了」「出現」「停止」。さまざま動詞と結びついて、いろいろな意味を生み出す世界を楽しもう！

☐ 聞くだけモード　Check 1
☐ しっかりモード　Check 1 ▶ 2
☐ かんぺきモード　Check 1 ▶ 2 ▶ 3

Check 2　Phrases 🎧 062

☐ find out the truth（事実を探り出す）

☐ find out that he was right（彼が正しかったことに気づく）

☐ figure out what to do（何をすべきか考え出す）

☐ figure out what he was saying（彼が言っていたことを理解する）

☐ carry out the plan（計画を実行する）

☐ carry out the order（命令を遂行する）

☐ make out what he means（彼が言おうとしていることを理解する）

☐ make out a check（小切手を書く）

☐ stand out in a crowd（人込みの中で目立つ）

☐ break out of the routine（マンネリから脱却する）

☐ break out of the prison（刑務所から脱獄する）

☐ turn out bad（結局はまずいことになる）

☐ turn out for the event（その行事に出かける）

☐ point out defects（欠陥を指摘する）

☐ point out the museum to the tourists（観光客に美術館を指し示す）

Check 3　Sentences 🎧 063

☐ Investigators found out the sequence of events leading to the accident.（調査官たちはその事故につながった一連の出来事を解明した）

☐ Don't worry, I'll figure something out.（心配しないでください。私が何か解決法を考え出します）

☐ The department store carried out the research on customer satisfaction.（そのデパートは顧客満足度に関する調査を実施した）

☐ He couldn't make out what she was saying.（彼は彼女が言っていることが分からなかった）

☐ He stands out from the rest of his classmates.（彼はクラスメートの中で飛び抜けて優秀である）

☐ War was about to break out in the Middle East.（中東では戦争がまさに勃発しようとしていた）

☐ Everything turned out fine.（結局、万事うまくいった）

☐ He was surprised when I pointed out his mistake.（私が彼の間違いを指摘すると、彼は驚いた）

continued ▼

Check 1　　Chants 🎧 061

□ 329
bring out A [A out]
⏺A を取り出す

❶**A（色・性質など）をはっきり出す**
❷A（真相など）を明らかにする
❸A（才能など）を引き出す
❹A（新製品など）を出す、A（本）を出版する

□ 330
run out
❶停止の out
⏺走り出す

❶**（物資などが）尽きる**、なくなる；（人が）（Aを）使い果たす（of A）（≒ run short）
❷（契約などが）切れる、無効になる（≒ expire）
❸（A［人］を）見捨てる；（A［責任など］を）放棄する（on A）（≒ desert）

□ 331
put out A [A out]
⏺A を外に出す

❶**A（火など）を消す**　⏺extinguish よりくだけた表現
❷A を用意する、提供する
❸A を困らせる、A に面倒をかける（≒ annoy）
❹A（力など）を発揮する、出す
❺A（手など）を差し出す

□ 332
wear out A [A out]

❶**A をすり減らす**、すり切らす、使い古す；（wear out で）すり減る、すり切れる
❷A を疲れ果てさせる（≒ exhaust）

□ 333
drop out
❶離脱の out
⏺立ち去る

❶**（Aから）退学［退部］する**；（A［社会］から）逃避する（of A）；（競技で）落後する
❷（A［体制側］から）離脱する（of A）

□ 334
leave out A [A out]
⏺A を出したままにしておく

❶**A を（Bから）除外する**、省く（of B）
❷A をのけ者にする

□ 335
give out A [A out]
❶方向の out

❶**A を（B［複数の人］に）配る**、分配する（to B）
❷（give out で）（物質・能力などが）尽きる；（機能が）停止する
❸（give out で）（人が）疲れ果てる

□ 336
pick out A [A out]

❶**A を選ぶ**、選び出す（≒ choose）　⏺「注意深く選ぶ」というニュアンス
❷A を見つけ出す、見分ける
❸A（曲）を聞き覚えで演奏する

| Day 20 🎧 058 Quick Review 答えは右ページ下 | □ 続ける
□ 待つ
□ 続ける
□ A を引き受ける | □ A を身に着ける
□ A を試着する
□ A をつける
□ しっかりつかまる | □ A を消す
□ A を延期する
□ A を中止する
□ 降りる | □ 近寄らない
□ A を脱ぐ
□ A を発する
□ 見えを張る |

Check 2　Phrases 🎧 062

- □ bring out the flavor（風味を引き出す）
- □ bring out new products（新製品を出す）

- □ run out of money（お金を使い果たす）

- □ put out a fire（火を消す）
- □ put out the sandwiches for breakfast（朝食にサンドイッチを出す）

- □ wear out A's shoes（靴を履き古す）
- □ wear him out（彼を疲れ果てさせる）

- □ drop out of high school（高校を中退する）

- □ leave out the sugar（[料理などで] 砂糖を入れないでおく）
- □ feel left out（のけ者にされていると感じる）

- □ give out copies of the documents（書類のコピーを配る）
- □ give out halfway（途中で尽きる；途中で停止する）

- □ pick out a present for her（彼女へのプレゼントを選ぶ）
- □ pick him out in a crowd（人込みの中から彼を見つけ出す）

Check 3　Sentences 🎧 063

- □ The attorney brought out new evidence.（その弁護士は新しい証拠を明らかにした）

- □ Food supplies will run out within two weeks.（備蓄食糧は2週間以内になくなるだろう）

- □ I forgot to put out the lights before leaving.（私は外出前に明かりを消すのを忘れた）

- □ My jeans have begun to wear out.（私のジーンズがすり切れ始めた）

- □ She dropped out of college after one semester.（彼女は1学期で大学を中退した）

- □ They decided to leave him out of the group.（彼らは彼をグループから外すことを決めた）

- □ He gave out the handouts to those present at the meeting.（彼は資料を会議の出席者に配った）

- □ Pick out whatever you want.（どれでも好きな物を選んでください）

Day 20 🎧 058
Quick Review
答えは左ページ下

□ go on	□ put on A	□ turn off A	□ keep off
□ hold on	□ try on A	□ put off A	□ take off A
□ carry on	□ turn on A	□ call off A	□ give off A
□ take on A	□ hang on	□ get off	□ show off

Check 1　　Chants 🎧 064

□ 337
pull up
❶運動のup
㋮引き上げる

❶(人が) **車を止める**；(車が) 止まる；(pull up A [A up] で) A (車・人など) を止める
❷(pull up A [A up] で) A (いすなど) を引き寄せる

□ 338
pick up A [A up]
㋮Aを持ち上げる

❶**Aを車で迎えに行く**、車に乗せる
❷Aを (途中で) 買う、Aを安く手に入れる
❸(pick oneself up で) (倒れた後に) 起き上がる
❹A (部屋など) を片づける、整頓する
❺(pick up で) 回復する、立ち直る

□ 339
look up A [A up]
㋮Aを見上げる

❶**Aを** (B [辞書など] で) **調べる**、探す (in B)
❷(look up で) (景気などが) よくなる、上向く
❸A (人) を訪ねる　➕「別の理由で来たついでに訪ねる」というニュアンス

□ 340
grow up
❶完了のup

❶**成長する**、大人になる
❷(命令文で) 大人らしく振る舞う [考える]
❸(事態などが) 生じる、起こる

□ 341
shut up

❶(しばしば命令文で) **黙る**；(shut up A [A up] で) A (人) を黙らせる
❷(shut up A [A up] で) Aを監禁する、閉じ込める
❸(shut up A [A up] で) A (店など) を閉鎖する

□ 342
hang up

❶(A [人] との) **電話を切る** (on A)
❷(hang up A [A up] で) A (服など) を (Bに) 掛ける (on B)
❸(be hung up で) (Aのことに) こだわる (on [about] A)

□ 343
make up A [A up]
㋮Aを組み立てる

❶**A** (話・弁解など) **を作り上げる**、でっち上げる
❷A (詩など) を創作する
❸Aを構成する
❹Aを用意 [準備] する
❺A (人・顔など) に化粧する；(make up で) 化粧する

□ 344
fill up A [A up]

❶**A** (容器・タンクなど) **を** (Bで) **満たす** (with B)；A (車) を満タンにする
❷A (人) を満腹にさせる
❸(fill up で) (劇場などが) (A [人] で) 満員になる (with A)

continued
▼

今日は「上へ」が原意の副詞upを使った熟語をチェック! 用法の違いで意味もさまざま。「動詞＋up」の「固まり」で覚えよう。

□ 聞くだけモード　Check 1
□ しっかりモード　Check 1 ▶ 2
□ かんぺきモード　Check 1 ▶ 2 ▶ 3

CHAPTER 1

CHAPTER 2

CHAPTER 3

CHAPTER 4

CHAPTER 5

Check 2　Phrases 🎧 065

□ pull up **along the curb** (縁石沿いに車を止める)
□ pull up **a chair** (いすを引き寄せる)

□ pick **her** up **at school** (彼女を車で学校に迎えに行く)
□ pick up **food on the way home** (帰宅途中に食品を買う)

□ look up **the word in the dictionary** (その言葉を辞書で調べる)
□ **Things are** looking up **for A.** (Aにとって状況はよくなってきている)

□ grow up **in Osaka** (大阪で育つ)

□ **get him to** shut up (彼を黙らせる)

□ hang up **and dial again** (電話を切って、もう一度ダイヤルする)
□ hang up **a coat on a hanger** (コートをハンガーに掛ける)

□ make up **a story** (話をでっち上げる)
□ make up **a song** (歌を創作する)

□ fill up **a tank with water** (タンクを水で満たす)
□ fill up **with people** (人々で満員になる)

Check 3　Sentences 🎧 066

□ **He** pulled up **in front of the bank.** (彼は銀行の前に車を止めた)

□ **She drove to the station to** pick up **her husband.** (彼女は夫を迎えに車で駅へ行った)

□ **He** looked up **the phone number on the internet.** (彼はインターネットでその電話番号を探した)

□ **My son wants to be a professional soccer player when he** grows up. (私の息子は、大人になったらプロのサッカー選手になりたいと思っている)

□ **Just** shut up **and sit down!** (黙って座りなさい!)

□ **He** hung up **on me without saying goodbye.** (彼はさよならも言わないで私との電話を切った)

□ **He** made up **an excuse for being late.** (彼は遅刻した口実をでっち上げた)

□ **Fill it [her]** up. (満タンにしてください ❶ ガソリンスタンドで給油するときの表現。it, her は the car を示す)

continued
▼

Check 1　Chants 🎧 064

□ 345
blow up A [A up]
元Aを吹き起こす

❶**Aを爆破する**；(blow upで) 爆発する
❷Aを膨らます
❸A (写真) を引き伸ばす
❹(blow upで) (A [人] に) ひどく怒る (at A)
❺(blow upで) 一触即発の危機に発展する

□ 346
use up A [A up]

Aを使い尽くす、使い切る

□ 347
sum up A [A up]
元Aを合計する

A (意見・考えなど) を要約する、かいつまんで言う
(≒ summarize)

□ 348
show up
❶出現のup

❶(人が) **現れる**、姿を現す ➕「人が待っている所に現れる」というニュアンス
❷(物などが) はっきり [よく] 見える
❸(show up A [A up]で) A (人) に恥をかかせる

□ 349
call up A [A up]

❶**Aに電話をかける**
❷(コンピューターで) A (情報) を呼び出す
❸A (記憶など) を呼び起こす
❹A (人) を呼び出す、招集する

□ 350
stay [sit] **up** (late)
❶状態のup

寝ずに起きている ➕stay up (late)のほうが「遊んでいて寝ないでいる」というニュアンス。sit upには「(寝ていて) 起き上がる」という意味もある

□ 351
hurry up

急ぐ、急いでする；(hurry up A [A up]で) A (人) を急がせる、A (仕事など) を急いでする

□ 352
cheer up

元気づく；(cheer up A [A up]で) Aを元気づける、励ます

| Day 21 🎧 061
Quick Review
答えは右ページ下 | □ Aを解明する
□ Aを解決する
□ Aを実行する
□ Aを理解する | □ 目立つ
□ 急に発生する
□ 結局はAになる
□ Aを指摘する | □ Aをはっきり出す
□ 尽きる
□ Aを消す
□ Aをすり減らす | □ 退学する
□ Aを除外する
□ Aを配る
□ Aを選ぶ |

Check 2　Phrases 🎧 065

□ blow up a building（ビルを爆破する）
□ blow up a balloon（風船を膨らませる）

□ use up fuel（燃料を使い尽くす）

□ sum up the main points（要点をまとめる）
□ to sum up（要約すると、結論として）

□ show up for the meeting（会議に姿を現す）

□ call her up later（後で彼女に電話をかける）

□ stay up all night（一晩中起きている）

□ hurry things up（物事を迅速に進める）

□ Cheer up!（元気を出せ！）
□ cheer him up（彼を元気づける）

Check 3　Sentences 🎧 066

□ The man was arrested for attempting to blow up city hall.（その男は市庁舎を爆破しようとした罪で逮捕された）

□ He used up all the money he had saved.（彼は蓄えていたお金をすべて使い切った）

□ The teacher asked the students to sum up the story in 100 words.（先生は生徒たちにその話を100語で要約するように言った）

□ She finally showed up around midnight.（彼女は真夜中ごろになってやっと姿を現した）

□ I called him up to tell him about the news.（私はそのニュースを知らせるために彼に電話をかけた）

□ They stayed up all night playing cards.（彼らはトランプをしながら一晩中起きていた）

□ Hurry up, or you'll miss the train.（急ぎなさい。さもないと電車に乗り遅れますよ）

□ I wish she would cheer up.（彼女が元気になればいいのだが）

Day 21 🎧 061
Quick Review
答えは左ページ下

□ find out A
□ figure out A
□ carry out A
□ make out A

□ stand out
□ break out
□ turn out A
□ point out A

□ bring out A
□ run out
□ put out A
□ wear out A

□ drop out
□ leave out A
□ give out A
□ pick out A

副詞
down

Check 1 Chants 🎧 067

□ 353
break down
❶休止のdown
🔁崩れ落ちる

❶(機械などが) **故障する**、動かなくなる
❷(交渉などが) 物別れに終わる、行き詰まる
❸(break down A [A down]で) A (物) を壊す、つぶす
❹(圧力などに) 屈する
❺(物質が) (Aに) 分解される (into A)

□ 354
burn down
🔁焼け落ちる

❶**全焼する**；(burn down A [down A]で) Aを全焼させる
❷(火が) 下火になる

□ 355
shut down A [A down]
🔁A (窓など) を閉める

❶**A (工場など) を閉鎖する**；A (電気など) を止める；(shut downで) (店などが) 休業する
❷A (相手選手など) を徹底的にマークして抑える

□ 356
take down A [A down]
🔁Aを降ろす、下げる

❶**A (機械など) を解体する**；A (建物など) を取り壊す
❷A (話など) を書き留める (≒ put down A、write down A、get down A、set down A)

□ 357
slow down
❶減少のdown

❶**スピードを落とす**、減速する；(slow down A [A down]で) Aの速度を遅くする [落とす]
❷活気がなくなる
❸(人が) ゆっくりする、のんびりやる

□ 358
cut down A [A down]

❶**Aを減らす**、削減する；(cut downで) (Aを) 減らす、削減する (on A) (≒ cut back)
❷A (木) を切り倒す
❸A (文章など) を短くする
❹A (人) を殺す

□ 359
write down A [A down]
❶記入のdown

Aを書き留める (≒ put down A、get down A、set down A)

□ 360
get down A [A down]
🔁Aを降ろす

❶**Aを書き留める** (≒ put down A、write down A、set down A)
❷A (薬など) を飲み込む
❸(get downで) (A [仕事など] に) (本腰を入れて) 取りかかる (to A)

continued ▼

「下へ」が原意の副詞downを使った熟語は、動作や状態の休止・減少を表すものが多いのが特徴。ニュアンスを感じながらチェック!

☐ 聞くだけモード　Check 1
☐ しっかりモード　Check 1 ▶ 2
☐ かんぺきモード　Check 1 ▶ 2 ▶ 3

Check 2　Phrases 🎧 068

【Pop Quiz!】
sum up A を1語で言い換えると?
▶ 答えは見出し番号347でチェック!

☐ burn down the house(その家を全焼させる)

☐ shut down operations (操業を中止する)

☐ take down a Christmas tree (クリスマスツリーを解体する)
☐ take down her phone number (彼女の電話番号を書き留める)

☐ slow down at the intersection(交差点で減速する)
☐ slow down the car (車を減速する)

☐ cut down (on) the number of A (Aの数を減らす)
☐ cut down a tree (木を切り倒す)

☐ write down the message (伝言を書き留める)

☐ get down what he says(彼の言うことを書き留める)
☐ get down to work (仕事に取りかかる)

Check 3　Sentences 🎧 069

☐ Her car broke down on her way home. (彼女の車は帰宅途中に故障した)

☐ The temple burned down 50 years ago and was rebuilt later. (その寺は50年前に全焼したが、その後再建された)

☐ The company decided to shut down its factory in China. (その会社は中国の工場を閉鎖することを決定した)

☐ They took down the building in five days. (彼らはそのビルを5日間で解体した)

☐ Slow down, or you will have an accident! (スピードを落とさないと事故を起こすよ!)

☐ You should cut down (on) the amount of coffee you drink. (あなたはコーヒーを飲む量を減らしたほうがいい)

☐ I wrote down his phone number. (私は彼の電話番号を書き留めた)

☐ I got the idea down on paper so I wouldn't forget it. (私は忘れないようにそのアイデアを紙に書き留めた)

continued ▼

Check 1　　Chants 🎧 067

□ 361
put down A [A down]
🈫Aを下に置く
▶
❶**Aを書き留める**（≒write down A、get down A、set down A）
❷A（反乱など）を鎮圧する（≒suppress、subdue）
❸A（人）をけなす、こき下ろす
❹A（頭金）を払う

□ 362
set down A [A down]
🈫Aを下に置く
▶
❶**Aを書き留める**（≒put down A、write down A、get down A）
❷A（規則・条件など）を決める
❸Aを（Bと）考える、見なす（as B）

□ 363
settle down
❶状態のdown
▶
❶（人が）**落ち着く**、静かになる；（settle down A [A down]で）A（人）をおとなしくさせる
❷（特に結婚して）身を固める、身を落ち着ける
❸（Aに）没頭する、身を入れる（to A）

□ 364
calm down
▶
❶（人が）**落ち着く**；（calm down A [A down]で）A（人など）を鎮める、落ち着かせる、なだめる
❷（社会状態などが）静まる

□ 365
let down A [A down]
▶
❶**A（人）を失望させる**、A（人）の期待に背く
❷A（物）を降ろす、下げる
❸A（服など）を長くする

□ 366
hold down A [A down]
❶抑制のdown
🈫Aを押さえつける
▶
❶**A（価格など）を抑制する**、抑える（≒restrain）
❷A（1つの仕事）を頑張って続ける；A（地位など）を保持する　➕「長期にわたって続ける、維持する」というニュアンス
❸A（人）を支配する

□ 367
turn down A [A down]
🈫Aをひっくり返す
▶
❶**A（ガス・明かりなど）を弱くする**；A（ラジオなど）の音を低く［小さく］する（⇔turn up A）
❷A（要求・申し出など）を断る、却下する　➕refuse、rejectより遠回しな表現

□ 368
hand down A [A down]
❶運動のdown
🈫Aを取り降ろす
▶
❶**A（判決・評決など）を言い渡す**；Aを公表する
❷Aを（B［後世］に）伝える、残す（to B）

Day 22 🎧 064
Quick Review
答えは右ページ下

□ 車を止める
□ Aを車で迎えに行く
□ Aを調べる
□ 成長する

□ 黙る
□ 電話を切る
□ Aを作り上げる
□ Aを満たす

□ Aを爆破する
□ Aを使い尽くす
□ Aを要約する
□ 現れる

□ Aに電話をかける
□ 寝ずに起きている
□ 急ぐ
□ 元気づく

Check 2　Phrases 🎧 068

□ put down **her phone number**
（彼女の電話番号を書き留める）

□ put down **a revolt**（反乱を鎮圧する）

□ set down **ideas on paper**（アイデアを紙に書き留める）

□ set down **rules**（規則を決める）

□ settle **him** down（彼を落ち着かせる）

□ settle down **and start a family**（身を固めて子どもをつくる）

□ tell him to calm down（彼に落ち着くように言う）

□ calm **her** down（彼女を落ち着かせる）

□ let **him** down（彼を失望させる）

□ let **the basket** down（かごを降ろす）

□ hold down **costs**（経費を抑える）

□ hold down **a job**（［辞めないで］仕事を続ける）

□ turn down **the air conditioner**（エアコンを弱くする）

□ turn down **the proposal**（その提案を断る）

□ hand down **a ruling**（裁定を言い渡す）

□ **be** handed down **through generations**（世代を通して伝えられる）

Check 3　Sentences 🎧 069

□ Put down **your name and address here**.（こちらに名前と住所を書いてください）

□ She set down **her memories of her trip to France in a notebook.**（彼女はフランスへの旅の思い出をノートに書き留めた）

□ He settled down **to study after lunch.**（昼食後、彼は勉強に身を入れた）

□ It will take a while for things to calm down.（事態が収まるにはしばらく時間がかかるだろう）

□ Don't let me down!（失望させるなよ！）

□ The government is trying to hold down **prices.**（政府は物価を抑制しようとしている）

□ She turned down **his invitation to dinner.**（彼女は夕食への彼の招待を断った）

□ The sentence will be handed down **tomorrow.**（判決は明日、言い渡される予定だ）

□ pull up
□ pick up A
□ look up A
□ grow up

□ shut up
□ hang up
□ make up A
□ fill up A

□ blow up A
□ use up A
□ sum up A
□ show up

□ call up A
□ stay up
□ hurry up
□ cheer up

Day 24 副詞
in／over／away／by

Check 1　Chants 🎧 070

□ 369
set in
❶「中へ［に］」の in
▶

(好ましくないことが) **始まる** (≒ begin、start)、起こる

□ 370
drop in [by, over]
㊗入って来る
▶

(A [人] を／B [場所] に) **ちょっと立ち寄る** (on A / at B)

□ 371
break in
▶

❶**侵入する**、押し入る　➕「盗むために侵入する」というニュアンス
❷(break in A [A in]で) A を訓練する、慣らす
❸話に割り込む
❹(break in A [A in]で) A (靴など) を履き慣らす

□ 372
fill in A [A in]
㊗A をふさぐ
▶

❶**A に必要事項を記入する** (≒ fill out A)；A (書類) を完成する
❷A に (B についての) 最新の情報を知らせる (on B)
❸A に手を加えて仕上げる
❹(fill in で) (A の) 代理 [代行] をする (for A)

□ 373
hand in A [A in]
▶

A を (B に) **提出する**、手渡す (to B) (≒ turn in A、put in A、submit)

□ 374
take in A [A in]
㊗A を中に入れる
▶

❶**A を理解する**、A が分かる
❷A (金など) を集める、得る
❸A をだます (≒ deceive)
❹A (車など) を (修理などに) 持ち込む
❺A (客など) を泊める、受け入れる

□ 375
bring in A [A in]
㊗A を持ち込む
▶

❶**A** (資金・金額) **を稼ぐ**、A (利益・収入) をもたらす
❷A (人) を参加させる；A を導入する

□ 376
turn in A [A in]
㊗A を中に入れる
▶

❶**A** (宿題など) **を** (B に) **提出する**、手渡す (to B)
(≒ hand in A、put in A、submit)
❷A (不必要になった物など) を (B に) 返却する、返す
(to B)
❸A (犯人など) を (B [警察] に) 引き渡す (to B)

---

continued
▼

今日でChapter 2は最後。場所を表す副詞in、over、away、byを使った熟語で締めくくろう！いつものようにチャンツでスタート！

□ 聞くだけモード　Check 1
□ しっかりモード　Check 1 ▶ 2
□ かんべきモード　Check 1 ▶ 2 ▶ 3

CHAPTER 1

CHAPTER 2

CHAPTER 3

CHAPTER 4

CHAPTER 5

Check 2　Phrases 🎧 071

□ when winter sets in（冬になると）

□ drop in on him（彼をちょっと訪ねる）

□ break in through a window（窓から侵入する）
□ break in new employees（新入社員を訓練する）

□ fill in the blanks（空欄に必要事項を記入する）
□ fill him in on the details（彼に詳細について知らせる）

□ hand in homework（宿題を提出する）

□ take in what he says（彼の言うことを理解する）
□ take in $200 at the garage sale（ガレージセールで200ドルを得る）

□ bring in $10 million（1000万ドルを稼ぐ）
□ bring in new technology（新しい技術を導入する）

□ turn in the assignment（課題を提出する）
□ turn oneself in（自首する）

Check 3　Sentences 🎧 072

□ This year the rainy season set in earlier than usual.（今年は梅雨がいつもより早く始まった）

□ I dropped in at her house on my way home.（私は帰宅途中に彼女の家にちょっと立ち寄った）

□ Burglars broke in last night and stole some money.（昨夜、強盗が侵入してお金を盗んだ）

□ She filled in the application form.（彼女は申込用紙［願書］に必要事項を記入した）

□ He handed in his report to his boss yesterday.（彼は昨日、報告書を上司に提出した）

□ When I won the lottery, I was too surprised to take in what had happened.（宝くじに当たったとき、あまりに驚いたので私は何が起きたのか分からなかった）

□ The movie will bring in a lot of money.（その映画は大金を稼ぎ出すだろう）

□ You must turn in every essay to pass the course.（この講座に及第するためには、すべてのリポートを提出しなければならない）

continued ▼

Check 1　　Chants 🎧 070

□ 377
take over A [A over]
❶「上方に；越えて」のover
🔵A を持って行く

▶ ❶A（職務など）を（Bから）引き継ぐ (from B)（≒ succeed)
❷Aの支配権を得る、Aを乗っ取る ▶

□ 378
turn over A [A over]
🔵A をひっくり返す

▶ ❶A（財産など）を（Bに）譲渡する (to B)
❷A（犯人など）を（Bに）引き渡す (to B)
❸(turn over で)（エンジンなどが）始動［回転］する
❹A を熟考する
❺A（金額）を売り上げる ▶

□ 379
look over A [A over]
🔵A を見渡す

▶ Aにざっと目を通す、Aをざっと調べる (≒ look through A) ▶

□ 380
think over A [A over]

▶ Aをじっくり［よく］考える、熟考する ▶

□ 381
pass away
❶「離れて」のaway
🔵（時が）過ぎる

▶ （人が）死ぬ、亡くなる、他界する　➕dieの遠回しの表現 ▶

□ 382
put away A [A away]

▶ ❶A を片づける、しまう (≒ clear)
❷A（人）を（B［刑務所など］に）放り込む (in B)
❸A（飲食物）を平らげる
❹A（金など）を（将来に備えて）蓄える、取っておく ▶

□ 383
go by
❶「通り過ぎて」のby
🔵通り過ぎる

▶ ❶（時などが）経過する (≒ pass)
❷(go by A で) A に従う、A を順守する
❸(go by A で) A に基づいて判断［行動］する ▶

□ 384
pass by

▶ ❶通り過ぎる：(pass by A で) A を通り過ぎる
❷(pass by A で) A（人など）に影響［喜び］を与えない ▶

| Day 23 🎧 067
Quick Review
答えは右ページ下 | □ 故障する
□ 全焼する
□ A を閉鎖する
□ A を解体する | □ スピードを落とす
□ A を減らす
□ A を書き留める
□ A を書き留める | □ A を書き留める
□ A を書き留める
□ 落ち着く
□ 落ち着く | □ A を失望させる
□ A を抑制する
□ A を弱くする
□ A を言い渡す |

Check 2　Phrases 🎧 071

□ take over **his post**（彼の地位を引き継ぐ）
□ take over **the world**（世界を支配する）

□ turn over **the property to the trustee**（財産を管財人に任せる）
□ turn **the suspect** over **to the police**（容疑者を警察に引き渡す）

□ look over **the letter**（手紙にざっと目を通す）

□ think over **what he said**（彼が言ったことをじっくり考える）

【Pop Quiz!】
hold down Aを1語で言い換えると？
▶答えは見出し番号366でチェック！

□ put **the dishes** away（皿を片づける）
□ put away **$200,000 for retirement**（退職に備えて20万ドルを蓄える）

□ **as years** go by（年がたつにつれて　➕このasは「～するにつれて」という意味の接続詞）
□ go by **the rules**（規則に従う）

□ **as years** pass by（年がたつにつれて）
□ pass by **a school**（学校を通り過ぎる）

Check 3　Sentences 🎧 072

□ **I** took over **the job from her while she was on maternity leave.**（彼女が出産育児休暇の間、私はその仕事を彼女から引き継いだ）

□ **The kidnappers** turned **the hostages** over **to representatives of the Red Cross.**（誘拐犯たちは人質たちを赤十字社の代理人へ引き渡した）

□ **He** looked over **the newspaper.**（彼は新聞にざっと目を通した）

□ **I'll** think **it** over **for a while, and give you a call.**（その件についてしばらくじっくり考えてから、あなたに電話します）

□ **It's been five years since my grandfather** passed away.（祖父が他界してから5年になる）

□ Put away **your toys.**（おもちゃを片づけなさい）

□ **Summer vacation** went by **quickly.**（夏休みはあっという間に過ぎた）

□ **Time** passes by **so fast [quickly].**（時はあっという間に過ぎ去る）

Day 23 🎧 067 **Quick Review** 答えは左ページ下	□ break down □ burn down □ shut down A □ take down A	□ slow down □ cut down A □ write down A □ get down A	□ put down A □ set down A □ settle down □ calm down	□ let down A □ hold down A □ turn down A □ hand down A

CHAPTER 1

CHAPTER 2

CHAPTER 3

CHAPTER 4

CHAPTER 5

Chapter 2 Review

左ページの(1)～(20)の熟語の同意熟語・類義熟語（または同意語・類義語）(≒)、反意熟語・反対熟語（または反対語・反義語）(⇔) を右ページのＡ～Ｔから選び、カッコの中に答えを書き込もう。意味が分からないときは、見出し番号を参照して復習しておこう（答えは右ページ下）。

- [ ] (1) on purpose (147) ⇔は? (　　)
- [ ] (2) on duty (159) ≒は? (　　)
- [ ] (3) in practice (170) ⇔は? (　　)
- [ ] (4) in order (177) ⇔は? (　　)
- [ ] (5) out of the question (190) ≒は? (　　)
- [ ] (6) refer to A (193) ≒は? (　　)
- [ ] (7) at first (210) ≒は? (　　)
- [ ] (8) at any rate (222) ≒は? (　　)
- [ ] (9) for the most part (231) ≒は? (　　)
- [ ] (10) stand for A (236) ≒は? (　　)
- [ ] (11) dispose of A (243) ≒は? (　　)
- [ ] (12) be sure of A (248) ≒は? (　　)
- [ ] (13) deal with A (259) ≒は? (　　)
- [ ] (14) with ease (271) ⇔は? (　　)
- [ ] (15) prevent A from doing (283) ≒は? (　　)
- [ ] (16) as a rule (302) ≒は? (　　)
- [ ] (17) carry out A (323) ≒は? (　　)
- [ ] (18) put out A (331) ≒は? (　　)
- [ ] (19) set in (369) ≒は? (　　)
- [ ] (20) pass away (381) ≒は? (　　)

A. put A into practice

B. out of order

C. represent

D. in any case

E. extinguish

F. with difficulty

G. in the beginning

H. at work

I. in theory

J. be confident of A

K. begin

L. cope with A

M. impossible

N. generally

O. get rid of A

P. mention

Q. prohibit A from doing

R. by accident

S. die

T. mostly

【解答】 (1) R (2) H (3) I (4) B (5) M (6) P (7) G (8) D (9) T (10) C
(11) O (12) J (13) L (14) F (15) Q (16) N (17) A (18) E (19) K (20) S

CHAPTER
3

語順で
覚える熟語

Chapter 3では、「動詞と前置詞」「be動詞と前置詞」を含んだ熟語を、「語順」の視点から覚えていきます。語順で覚えれば「英語のリズム」がきっとつかめるはず。まずは、Introductionからスタート！

この文を英語に訳してよ。キミみたいにフランス語ができたらなあ。

Could you (　　　　) this sentence (　　　　) English? I wish I were as good at French as you.

答えは Day 31 でチェック！

□ Introduction 語順の働き

語順の種類とその働き　＊用法の種類は厳密なものでなく、熟語の意味の違いで異なることもあります

語順1

動詞 ＋ to do
▶ Day 25

働き：動詞の後にto不定詞が続き、主として「〜するようになる、〜するのを…する」を表す ▶

語順1

動詞 ＋ to A
▶ Day 25

働き：動詞の後に、主として「❶対象、❷到達」の前置詞toが続き、「Aに（対して）〜する」を表す ▶

語順1

動詞 ＋ on A
▶ Day 26

働き：動詞の後に、主として「❶対象、❷依存」の前置詞onが続き、「Aに（対して）〜する、Aを（頼って）〜する」を表す ▶

語順1

動詞 ＋ for A
▶ Day 26

働き：動詞の後に、主として「❶目的、❷準備」の前置詞forが続き、「Aを（求めて）〜する、Aに備えて〜する」を表す ▶

語順1

動詞 ＋ in A
▶ Day 27

働き：動詞の後に、主として「❶従事、❷分野、❸対象」の前置詞inが続き、「Aに（参加して）〜する、A（の分野)に〜する」を表す ▶

語順1

動詞 ＋ into A
▶ Day 27

働き：動詞の後に、主として「変化」の前置詞intoが続き、「A（という状態）になる、変わる」を表す ▶

語順1

動詞 ＋ with A
▶ Day 28

働き：動詞の後に、主として「❶対象、❷一致、❸敵対」の前置詞withが続き、「Aに（対して）〜する、Aと〜する」を表す ▶

語順1

動詞 ＋ from A
▶ Day 28

働き：動詞の後に、主として「❶起源、❷分離」の前置詞fromが続き、「Aから〜する」を表す ▶

語順2

動詞 ＋ A to do
▶ Day 29

働き：動詞の目的語Aの後にto不定詞が続き、主として「Aに〜することを…する、Aに〜させる」を表す ▶

語順2

動詞 ＋ A to B
▶ Day 29

働き：動詞の目的語Aの後に、主として「❶対象、❷比較」の前置詞toが続き、「AをBに（対して）〜する、AをBと（比べて）〜する」を表す ▶

語順2

動詞 ＋ A on B
▶ Day 30

働き：動詞の目的語Aの後に、主として「❶対象、❷基礎、❸関連」の前置詞onが続き、「AをBに（対して）〜する、AにBについて[のことで]〜する」を表す ▶

---

continued
▼

各Dayの学習に入る前に、まずは「動詞と前置詞」「be動詞と前置詞」を含んだ熟語を、語順の視点で見ていこう。前置詞のイメージをつかみながら覚えていけば、熟語の意味だけでなく、「英語のリズム」もきっと身につくはず！

熟語の例 ＊カッコ内の数字は見出し番号を表します

❶ come to do：〜するようになる（385）
❷ forget to do：〜するのを忘れる（389）

❶ apply to A：A（人・機関など）に申し込む（393）
❷ lead to A：（事が）Aを引き起こす（397）

❶ focus on A：Aに注意［精神、考え］を集中させる（401）
❷ rely on A：Aを信頼する（405）

❶ search for A：Aを探す（409）
❷ prepare for A：Aに備える（415）

❶ participate in A：Aに参加する（417）
❷ result in A：Aという結果になる（420）
❸ believe in A：Aの存在を信じる［ている］（424）

change into A：Aに変化する（425）

❶ deal with A：A（問題など）を処理［処置］する（433）
❷ agree with A：A（人）と意見が一致する（436）
❸ compete with A：Aと競う（439）

❶ come from A：Aの出身である（441）
❷ recover from A：A（病気・けがなど）から回復する（444）
❸ differ from A：Aと異なる（446）
❹ suffer from A：Aに苦しむ（447）

allow A to do：Aに〜することを許可する（449）
get A to do：（説得などして）Aに〜させる（455）

❶ add A to B：AをBに加える（457）
❷ compare A to B：AをBと比較する（463）

❶ focus A on B：A（注意など）をBに集中させる（465）
❷ base A on B：A（理論など）の基礎をB（事実など）に置く（470）
❸ advise A on B：AにBについて助言［忠告］する（471）

continued
▼

□ Introduction

語順の種類とその働き

働き：動詞の目的語Aの後に、主として「❶目的、❷特性、❸代用、❹理由」の前置詞forが続き、「AをB（のため）に~する、AをBと~する、AをBのことで~する」を表す

働き：動詞の目的語Aの後に、主として「❶関連、❷分離」の前置詞ofが続き、「AにBについて~する、AからBを~する」を表す

働き：動詞の目的語Aの後に、主として「変化」の前置詞intoが続き、「AをBに変える、AをB（という状態）に~する」を表す

働き：動詞の目的語Aの後に、主として「❶材料、❷対象」の前置詞withが続き、「AにBを~する、AをBで~する、AをBと~する」を表す

働き：動詞の目的語Aの後に、主として「目的補語（~として[の]）」の前置詞asが続き、「AをBと（して）~する」を表す

働き：主語の状態・様子を表す形容詞の後にto不定詞が続き、主として「（主語が）~する状態にある[様子である]」を表す

働き：主語の状態・様子を表す形容詞の後に、主として「❶対象、❷比較」の前置詞toが続き、「Aに（対して）~ている、Aと（比べて）~ている」を表す

働き：主語の状態・様子を表す形容詞の後に、主として「❶分野、❷従事」の前置詞inが続き、「Aに（ついて）~ている」を表す

働き：主語の状態・様子を表す形容詞の後に、主として「❶目的、❷理由」の前置詞forが続き、「A（のため）に~ている、A（のこと）で~ている」を表す

働き：主語の状態・様子を表す形容詞の後に、主として「❶対象、❷分離」の前置詞ofが続き、「Aに[を]~ている、Aから~ている」を表す

働き：主語の状態・様子を表す形容詞の後に、主として「❶対象、❷材料、❸敵対」の前置詞withが続き、「Aに[を]~ている、Aで~ている」を表す

熟語の例

❶ provide A for B：A（必要な物など）をB（人など）に供給［提供］する（473）
❷ take A for B：AをBだと思う（475）
❸ exchange A for B：AをBと交換する（477）
❹ blame A for B：BをA（人）の責任にする（479）

❶ inform A of B：A（人）にB（ニュースなど）について知らせる（481）
❷ clear A of B：A（場所）からB（人・物）を取り除く（486）

turn A into B：AをBに変える（489）

❶ provide A with B：A（人など）にB（必要な物など）を供給［提供］する（497）
❷ share A with B：A（利害・考え・情報など）をB（人）と共有する（499）

see A as B：AをBと見なす（505）

be likely to do：〜しそうである（513）
be ready to do：〜する用意［準備］ができている（514）

❶ be used to A：Aに慣れている（521）
❷ be similar to A：Aと似ている（526）

❶ be interested in A：Aに興味［関心］を持っている（529）
❷ be involved in A：（よい意味で）A（活動など）に参加している（534）

❶ be suitable for A：Aに適している（537）
❷ be known for A：Aで知られている（540）

❶ be aware of A：Aに気づいている（545）
❷ be independent of A：Aに頼っていない（549）

❶ be familiar with A：Aをよく知っている（553）
❷ be filled with A：（場所・容器などが）Aでいっぱいである（558）
❸ be faced with A：A（困難など）に直面している（559）

Check 1   Chants 🎧 073

□ 385
come to do
▸
〜**するようになる**（≒ get to do）　●習得の結果「〜するようになる」は learn to do
▸

□ 386
get to do
▸
❶〜するようになる（≒ come to do）　●do には know、like など状態を表す動詞が来る
❷〜する機会［特権］を得る、〜することができる
▸

□ 387
happen [chance] **to** do
▸
偶然〜する、たまたま〜する　●chance to do は文語的な表現
▸

□ 388
fail to do
▸
❶〜（しようとして）できない、〜し損なう
❷〜するのを怠る、〜しない
▸

□ 389
forget to do
▸
〜するのを忘れる　●forget doing は「〜したことを忘れる」
▸

□ 390
remember to do
▸
忘れずに〜する　●remember doing は「〜したことを覚えている」
▸

□ 391
manage to do
▸
どうにか［何とか］**〜する**、うまく［首尾よく］〜する　●「非常に努力した後でやり遂げる」というニュアンス
▸

□ 392
afford to do
▸
❶（can afford to do で）**〜する**（経済的・時間的）**余裕がある**
❷（can afford to do で）**〜できる**
▸

continued
▼

今日から、「語順」で熟語を覚えるChapter 3に突入。Day 28までの4日間では、「動詞＋前置詞＋A」型の熟語を押さえていこう。

☐ 聞くだけモード　Check 1
☐ しっかりモード　Check 1 ▶ 2
☐ かんぺきモード　Check 1 ▶ 2 ▶ 3

Check 2　Phrases 🎧 074

☐ come to **know her**（彼女と知り合いになる）

☐ get to **like the job**（仕事を好きになる）

☐ happen to **see him at the station**（駅で偶然彼に出会う）

☐ fail to **solve the problem**（問題を解けない）

☐ forget to **close the door**（ドアを閉めるのを忘れる）

☐ remember to **lock the door**（忘れずにドアに鍵を掛ける）

☐ manage to **get tickets for the concert**（そのコンサートのチケットを何とか手に入れる）

☐ can afford to **buy a new car**（新車を買う余裕がある）

Check 3　Sentences 🎧 075

☐ **How did you** come to **know each other?**（あなたたちはどうやって知り合いになったのですか?）

☐ **She is a nice person once you** get to **know her.**（知り合いになれば、彼女はとてもいい人だ）

☐ **She** happened to **be free that day.**（彼女はその日、偶然暇だった）

☐ **The doctor** failed to **save the man's life.**（医師はその男性の命を救うことができなかった）

☐ **She** forgot to **go to the bank to withdraw some money.**（彼女はお金をいくらか下ろしに銀行に行くのを忘れた）

☐ Remember to **send the mail on your way to work.**（通勤途中にその手紙を出すのを忘れないで）

☐ **He** managed to **pass the exam.**（彼はどうにかその試験に合格した）

☐ **I can't** afford to **take a vacation this summer.**（私は今年の夏は休暇を取る余裕がない）

continued
▼

Check 1　Chants 🎧 073

□ 393
apply to A
❗対象のto
▶

❶A（人・機関など）**に申し込む**、志願［出願］する
➕apply for Aは「A（就職・入学など）を申し込む、志願［出願］する」
❷（規則などが）Aに適用される、当てはまる
▶

□ 394
refer to A
▶

❶**Aに言及する**、触れる（≒ mention）
❷A（本など）を参照する
❸Aに関係する、当てはまる
❹（refer A to Bで）A（人）をB（人・場所など）に差し向ける、照会させる；A（人）にB（本など）を調べさせる
▶

□ 395
occur to A
▶

（考えなどが）**Aの心に**（ふと）**浮かぶ**、思い出される
➕「A（考えなど）を思いつく」はcome up with A、hit on [upon] A

□ 396
look forward to A
🔤Aへ向かって前方を見る
▶

Aを楽しみに待つ、期待する
▶

□ 397
lead to A
❗到達のto
🔤Aに通じる
▶

（事が）**Aを引き起こす**、A（ある結果）に至る、つながる
▶

□ 398
get to A
▶

❶**Aに到着する**（≒ arrive at A）
❷A（人）に連絡を取る
❸A（仕事など）を始める
❹Aを悩ます、怒らせる
▶

□ 399
amount to A
▶

❶**合計Aとなる**、総計Aに達する（≒ add up to A）
❷結局Aになる、結果的にAになる
▶

□ 400
belong to A
❗付属のto
▶

❶（人が）**A**（団体・組織など）**に所属する**、Aの一員である
❷（物が）A（団体・組織など）の所有である
❸（分類上）Aに属する
▶

| Day 24 🎧 070
Quick Review
答えは右ページ下 | □ 始まる
□ ちょっと立ち寄る
□ 侵入する
□ Aに必要事項を記入する | □ Aを提出する
□ Aを理解する
□ Aを稼ぐ
□ Aを提出する | □ Aを引き継ぐ
□ Aを譲渡する
□ Aにざっと目を通す
□ Aをじっくり考える | □ 死ぬ
□ Aを片づける
□ 経過する
□ 通り過ぎる |

Check 2　Phrases 🎧 074

□ apply to **five colleges**（5つの大学に出願する）

□ refer to **the issue**（その問題について言及する）
□ refer to **the list**（リストを参照する）

□ **It occurs to A that 〜.**（〜ということがAの心に浮かぶ）

□ look forward to **skiing in Hokkaido**（北海道でスキーをするのを楽しみに待つ）

□ lead to **flooding**（洪水を引き起こす）
□ lead to **the arrest of the murderer**（殺人犯の逮捕につながる）

□ get to **Tokyo**（東京に到着する）
□ get to **work**（仕事に取りかかる）

□ amount to **$5,000**（合計5000ドルになる）
□ amount to **the same thing**（結局同じことになる）

□ belong to **the basketball club**（バスケットボール部に所属している）
□ belong to **the school**（[物が] 学校の所有である）

Check 3　Sentences 🎧 075

□ **He decided to** apply to **Harvard University.**（彼はハーバード大学に出願することを決めた）

□ **She thought he was** referring to **her.**（彼女は、彼が彼女のことを言っているのだと思った）

□ **A good idea** occurred to **me.**（妙案が私の心に浮かんだ）

□ **My daughter is** looking forward to **her birthday.**（私の娘は誕生日を楽しみにしている）

□ **High cholesterol levels may** lead to **a heart attack.**（高いコレステロール値は心臓発作を引き起こすことがある）

□ **I caught the train and** got to **my destination around midnight.**（私は電車に間に合って、真夜中近くに目的地に到着した）

□ **The number of unemployed in Japan** amounted to **1.8 million in 2023.**（日本の失業者数は2023年に180万人に達した）

□ **He plays the violin and** belongs to **the city orchestra.**（彼はバイオリンが弾けて、市のオーケストラに入っている）

□ set in	□ hand in A	□ take over A	□ pass away
□ drop in	□ take in A	□ turn over A	□ put away A
□ break in	□ bring in A	□ look over A	□ go by
□ fill in A	□ turn in A	□ think over A	□ pass by

Check 1　　Chants 🎧 076

□ 401
focus on A
❶対象のon

❶**Aに注意** [精神、考え] **を集中させる** (≒concentrate on A)；(focus A on Bで) A (注意など) をBに集中させる (≒concentrate A on B)
❷Aに焦点が合う；(focus A on Bで) Aの焦点をBに合わせる

□ 402
work on [upon] A

❶**A** (問題など) **に取り組む**
❷A (物) を建てる、修理する；A (機械など) を調節 [調整] する
❸A (人) に (〜するよう) 働きかける (to do)；Aに影響を与える

□ 403
concentrate on A

Aに努力 [注意] **を集中する**、Aに専念 [専心] する (≒focus on A)；(concentrate A on Bで) A (努力・注意など) をB (仕事・目的など) に集中する (≒focus A on B)

□ 404
reflect on [upon] A

❶**Aを熟考** [思案] **する** (≒consider)
❷(well、badlyなどの副詞を伴って) Aによい [悪い] 印象を与える

□ 405
rely on [upon] A
❶依存のon

❶**Aを信頼する** (≒trust)；Aを当てにする
❷Aに (Bを／〜することを) 頼る (for B / to do)

□ 406
depend on [upon] A

❶**Aによって決まる**、A次第である (≒be dependent on [upon] A、turn on A)
❷Aに頼る、依存する (≒look to A)
❸Aを信頼 [信用] する；Aが〜するのを当てにする (to do)

□ 407
live on A

❶**Aを食べて生きている**、Aを常食とする ➕「(動物が) Aを常食とする」はfeed on A
❷A (年金など) をよりどころに暮らす
❸(live onで) 生き続ける

□ 408
call on [upon] A

❶**Aに** (Bを) **頼む**、求める、訴える (for B)
❷A (人) をちょっと訪れる ➕「A (場所) に立ち寄る」はcall at A

continued
▼

今日は「対象・依存」のon、「目的」のforを使った熟語を中心にチェック。「細切れ時間」を使って、熟語に触れる回数を増やそう！

□ 聞くだけモード　Check 1
□ しっかりモード　Check 1 ▶ 2
□ かんぺきモード　Check 1 ▶ 2 ▶ 3

Check 2　Phrases 🎧 077

□ focus on **strategy** (戦略に注意を集中させる)

□ work on **the project** (そのプロジェクトに取り組む)
□ work on **a car** (自動車を修理する)

□ concentrate on **driving** (運転に注意を集中する)

□ reflect on **the problem** (その問題を熟考する)
□ reflect **badly** on **her** (彼女に悪い印象を与える)

□ rely on **him** (彼を信頼する)
□ rely on **someone for help** (人に助けを頼る)

□ depend on **the weather** (天気次第である)
□ depend on **him for help** (彼の助けに頼る)

□ live on **rice** (米を主食とする)
□ live on **a pension** (年金をよりどころに暮らす)

□ call on **her for help** (彼女に助けを求める)
□ call on **him at his office** (彼の事務所に彼を訪ねる)

Check 3　Sentences 🎧 078

□ **You should** focus on **your work.** (あなたは仕事に精神を集中させたほうがいい)

□ **The government is** working on **economic reforms.** (政府は経済改革に取り組んでいる)

□ **Turn off the radio and** concentrate on **your homework!** (ラジオを消して、宿題に集中しなさい！)

□ **We should** reflect on **what to do next.** (私たちは次に何をすべきかよく考えるべきだ)

□ **You can** rely on **me for help.** (あなたは私の助けを当てにすることができる)

□ **Your success** depends on **your efforts.** (あなたの成功はあなたの努力次第である)

□ **Some young people** live on **junk food.** (若者の中にはジャンクフードを常食にしている人もいる)

□ **She** called on **him for support.** (彼女は彼に支援を求めた)

continued
▼

Check 1　Chants 🎧 076

□ 409
search for A
❶目的のfor

A を探す、求める（≒ look for A, hunt for A）

□ 410
call for A

❶ A（援助など）**を求める**、要求する、訴える（≒ demand）　➕「公に強く求める」というニュアンス
❷ A を必要とする（≒ require）
❸ A（天気）を予報する

□ 411
look for A

❶ A を探す、求める（≒ search for A, hunt for A）
❷ A を期待［予期］する
❸（通例進行形で）A（面倒など）を（自分から）招く、求める

□ 412
apply for A

A（就職・入学など）**を申し込む**、志願［出願］する、問い合わせる　➕ apply to A は「A（人・機関など）に申し込む、志願［出願］する」

□ 413
care for A

❶ A の世話をする、面倒を見る（≒ take care of A, look after A, see to A, watch over A）
❷（通例、否定文・疑問文で）A が好きである（≒ like）
❸（通例、would を伴う否定文・疑問文で）A を望む

□ 414
send for A

❶（手紙・電話などで）A が来るように頼む、A を呼び［取り］にやる
❷（send A for B で）A（人）に B を呼び［取り］に行かせる
❸ A を（郵送で）取り寄せる

□ 415
prepare for A
❶準備のfor

❶ A に備える、A に備えて準備する
❷（prepare A for B で）B のために A を用意［準備］する
❸（prepare A for B で）A（人）に B（事）の覚悟［準備、装備］をさせる

□ 416
make up for A
❶代用のfor

A（損失など）の埋め合わせ［償い］をする（≒ compensate for A）

| Day 25 🎧 073
Quick Review
答えは右ページ下 | □ ～するようになる
□ ～するようになる
□ 偶然～する
□ ～できない | □ ～するのを忘れる
□ 忘れずに～する
□ どうにか～する
□ ～する余裕がある | □ A に申し込む
□ A に言及する
□ A の心に浮かぶ
□ A を楽しみに待つ | □ A を引き起こす
□ A に到着する
□ 合計 A となる
□ A に所属する |

□ search for a parking space
(駐車スペースを探す)

□ The police are searching for the missing girl. (警察は行方不明の少女を探している)

□ call for help (助けを求める)
□ call for a strike (ストライキを要求する)

□ Many people have called for a ban on human cloning. (多くの人がヒトのクローン作成の禁止を求めている)

□ look for a job (仕事を探す)
□ be looking for trouble (面倒を招く)

□ He's looking for a blue jacket. (彼はブルーのジャケットを探している)

□ apply for a job (就職を申し込む)
□ apply for a visa (ビザを申請する)

□ He applied for permanent residence in the U.S. (彼は米国での永住を申請した)

□ care for patients (患者たちの世話をする)
□ not care for him (彼のことを好きではない)

□ He cared for his mother when she was ill. (彼は母親が病気のとき、彼女の世話をした)

□ send for a doctor (医者に来てもらうように頼む)
□ send for a free catalog (無料のカタログを取り寄せる)

□ My daughter had a high fever, so we sent for the doctor. (娘が高熱を出したので、医者に来てもらうように頼んだ)

□ prepare for an emergency (緊急事態に備える)
□ prepare rooms for guests (宿泊客たちのために部屋を用意する)

□ The country is preparing for war. (その国は戦争に備えて準備をしている)

□ make up for the loss (損失を補う)
□ make up for lost time (遅れを取り戻す)

□ The driver was speeding to make up for lost time. (その運転手は遅れを取り戻そうとして制限速度以上で運転していた)

語順1
動詞＋in A／動詞＋into A

□ 417
participate in A
❶従事のin

Aに参加する、加わる（≒ take part in A、join in A）

□ 418
major in A

Aを専攻する ❶通例、学部レベルに用いる。大学院以上のレベルで「Aを専攻する」はspecialize in Aを使うことが多い

□ 419
deal in A

❶（人・店などが）**A（商品）を売買する**、商う、扱う ❶deal with Aは「A（人・会社など）と取引する」
❷Aに関係する、従事する
❸（deal A in で）A（人）を仲間に入れる

□ 420
result in A
❶分野のin

Aという結果になる、帰着する、Aに終わる（≒ end in A）❶result from Aは「Aに起因［由来］する」

□ 421
succeed in A

（人が）**Aに成功する**、（計画などが）Aでうまくいく、成功する

□ 422
end in A

Aの結果になる、終わりがAになる（≒ result in A）

□ 423
lie in A

❶（事実・責任・問題などが）**Aにある**、見いだされる
❷（死体が）Aに埋葬されている

□ 424
believe in A
❶対象のin

❶**Aの存在を信じる**［ている］；A（宗教）を信仰する［している］
❷Aの価値［正しさ］を信じる［ている］
❸A（人）を（人柄や能力の点で）信用［信頼］する［している］

continued
▼

Chapter 2で取り上げなかった前置詞intoは、「変化」の用法がほとんど。「従事・分野」のinと併せて、しっかりと身につけよう。

□ 聞くだけモード　Check 1
□ しっかりモード　Check 1 ▶ 2
□ かんぺきモード　Check 1 ▶ 2 ▶ 3

Check 2　Phrases 🎧 080

□ participate in **a cleanup of the park**（公園の清掃に参加する）

□ major in **economics**（経済学を専攻する）

□ deal in **a variety of goods**（さまざまな商品を扱う）

□ result in **success**（成功に終わる）

□ succeed in **persuading him**（彼の説得に成功する）
□ succeed in **passing the entrance examination**（入試に合格する）

□ end in **failure**（失敗に終わる）
□ end in **a tie**（引き分けに終わる）

□ lie in **a lack of experience**（［失敗などの原因が］経験不足にある）

□ believe in **God**（神の存在を信じている）
□ believe in **her**（彼女を信頼している）

Check 3　Sentences 🎧 081

□ **More than 200 people** participated in **the conference.**（200人を超える人々がその会議に参加した）

□ **She** majored in **English literature at her university.**（彼女は大学で英文学を専攻した）

□ **The shop** deals in **furniture.**（その店は家具を扱っている）

□ **The plan** resulted in **failure.**（その計画は失敗に終わった）

□ **He** succeeded in **finding a job.**（彼は仕事を見つけるのに成功した）

□ **Their marriage** ended in **divorce.**（彼らの結婚生活は離婚に終わった）

□ **Our future** lies in **education.**（私たちの未来は教育にかかっている）

□ **He** believes in **life after death.**（彼は死後の世界を信じている）

continued
▼

Check 1　　Chants 🎧 079

□ 425
change into [to] A
❶変化のinto
▶
❶**Aに変化する**、変わる；(change A into Bで) AをB に変える
❷(change into Aで)(Bから) Aに着替える (from [out of] B)
▶

□ 426
go into A
㋺Aに入る
▶
❶**A**（職業など）**に従事する**、就く、入る
❷Aを詳しく説明［調査］する
❸（時間・金が) Aに使われる、費やされる
❹A（木・壁など）にぶつかる、衝突する
▶

□ 427
get into A
㋺Aの中へ入る
▶
❶**A**（学校）**に入学する**、A（チームなど）に入る
❷A（人）の心に取りつく
❸A（議論など）を始める
❹A（ある状態）に陥る、なる；(get A into Bで) A（人など）をB（ある状態）に陥れる
▶

□ 428
fall into A
㋺Aに落ち込む
▶
❶（急に) **A**（ある状態）**に陥る**、なる
❷A（部分など）に分けられる、分類される
❸A（会話など）を始める
▶

□ 429
enter into A
㋺Aの中へ入る
▶
❶**A**（契約・関係など）**を**（Bと）**結ぶ** (with B)
❷A（交渉・事業など）を始める
❸A（計画・解釈など）に入っている、あらかじめ計算されている
▶

□ 430
come into A
㋺Aに入る
▶
❶**A**（の状態・事態）**になる**
❷A（グループ・活動など）に参加する、加入する
❸A（財産など）を相続する
▶

□ 431
turn into A
㋺Aに入る
▶
（性質などの点で）**Aに変わる**、なる；(turn A into Bで) AをBに変える、変化させる
▶

□ 432
burst into A
㋺Aに乱入する
▶
突然Aし始める、Aを突然始める (≒ burst out doing)
▶

Check 2　Phrases 🎧 080

□ change into **spring**（[冬が] 春に変わる）
□ change into **a swimsuit**（水着に着替える） ▶

□ go into **business**（実業界に入る）
□ go into **the matter**（その問題について詳しく説明する） ▶

□ get into **Kyoto University**（京都大学に入学する）
□ get into **trouble**（困ったことになる；ごたごたを起こす） ▶

□ fall into **a coma**（昏睡状態に陥る）
□ fall into **three categories**（3つのカテゴリーに分類される） ▶

□ enter into **a contract**（契約を結ぶ）
□ enter into **negotiations**（交渉を始める） ▶

□ come into **effect [being]**（発効[出現] する）
□ come into **a club**（クラブに加入する） ▶

□ turn into **gas [liquid]**（気体 [液体] になる）
□ turn **milk** into **butter**（牛乳をバターにする） ▶

□ burst into **laughter**（急に笑いだす） ▶

Check 3　Sentences 🎧 081

□ **The temperature at which ice changes into water is called its "melting point."**（氷が水に変化する温度は「融点」と呼ばれている）

□ **He wants to go into politics.**（彼は政界に入りたいと思っている）

□ **She wants to get into medical school.**（彼女は医学部に入りたいと思っている）

□ **When she went to bed, she fell into a deep sleep.**（ベッドに入ると、彼女は深い眠りに落ちた）

□ **The agreement was entered into in 2022.**（その協定は2022年に結ばれた）

□ **The law will come into effect on April 1.**（その法律は4月1日に発効する）

□ **She is 17 years old and turning into an adult.**（彼女は17歳で、大人になろうとしている）

□ **When she heard the news, she burst into tears.**（その知らせを聞くと、彼女は急に泣きだした）

Day 26 🎧 076
Quick Review
答えは左ページ下

□ focus on A
□ work on A
□ concentrate on A
□ reflect on A
□ rely on A
□ depend on A
□ live on A
□ call on A
□ search for A
□ call for A
□ look for A
□ apply for A
□ care for A
□ send for A
□ prepare for A
□ make up for A

Check 1　　Chants 🎧 082

□ 433
deal with A
❶対象のwith

❶**A（問題など）を処理[処置]する**、A（問題など）に対処する（≒ cope with A, attend to A）
❷A（人）に対して振る舞う、行動する
❸A（人・会社など）と取引する
❹A（事柄）を論じる、扱う

□ 434
interfere with A

Aを妨げる、邪魔する

□ 435
part with A

A（物）を手放す、捨てる、売り払う　❹「嫌々ながら手放す」というニュアンス。「A（人）と別れる」という意味ではpart from Aが一般的

□ 436
agree with A
❶一致のwith

A（人）と意見が一致する、A（意見など）に同意する（≒ go along with A　⇔disagree with A）

□ 437
get along with A
🔄Aと一緒に進む

❶**A（人）と仲よくやっていく**
❷Aを使って［Aのおかげで］何とかやっていく
❸A（仕事など）に関してうまくいく

□ 438
correspond with A

❶**Aと文通[通信]する**
❷Aに一致する、合う　❹この意味ではcorrespond to Aも可

□ 439
compete with
　　　　[against] A
❶敵対のwith

Aと競う、競争する、張り合う

□ 440
do with A
❶材料のwith

❶**Aで済ませる**、満足する　❹do [go] without Aは「Aなしで済ます、やっていく」
❷(can、couldを伴って) Aがあればありがたい、Aが欲しい、Aが必要である
❸Aを扱う、処理する

continued
▼

Check 3までちゃんと学習してる？ 熟語をマスターするには、何度も熟語と「出会う」ことが不可欠。焦らず着実に学習を進めよう！

□ 聞くだけモード　Check 1
□ しっかりモード　Check 1 ▶ 2
□ かんぺきモード　Check 1 ▶ 2 ▶ 3

CHAPTER 1

CHAPTER 2

CHAPTER 3

CHAPTER 4

CHAPTER 5

Check 2　Phrases 🎧 083

□ deal with the problem（その問題を処理する）
□ deal with the company（その会社と取引する）

□ interfere with his work（彼の仕事の邪魔をする）

□ part with money（お金を手放す）

□ agree with him（彼と意見が一致する）
□ agree with her opinion（彼女の意見に同意する）

□ get along with the neighbors（隣人たちといい関係にある）
□ get along with his help（彼の援助のおかげで何とかやっていく）

□ correspond with a foreign friend（外国の友達と文通する）
□ correspond with the facts（事実と一致する）

□ compete with him（彼と競い合う）
□ compete with foreign companies（海外企業と競争する）

□ do with one meal a day（1日1食で済ませる）

Check 3　Sentences 🎧 084

□ The government has to deal with social problems.（政府は社会問題に対処しなければならない）

□ The noise from the street interfered with my sleep.（通りの騒音が私の眠りを妨げた）

□ He finally parted with his old car.（彼はとうとう古い車を手放した）

□ I agree with what he said.（私は彼の言ったことに同意している）

□ She doesn't get along with her boss at all.（彼女は上司と全くうまくいっていない）

□ I've been corresponding with him for five years.（私は彼と5年間、文通を続けている）

□ I can't compete with him when it comes to mathematics.（数学のことになると、私は彼にはかなわない）

□ She can do with only donuts for breakfast.（彼女は朝食をドーナツだけで済ませている）

continued
▼

Check 1　　Chants 🎧 082

□ 441
come from A
❶起源の from
📻Aから来る

❶**Aの出身である**：(物が) Aの産物である、Aの製品である
❷Aから生じる、Aに由来する　➕derive from A よりくだけた表現 ▶

□ 442
hear from A

Aから連絡 [手紙、電話、伝言] をもらう　➕hear of A は「Aの消息 [うわさ、存在] を聞く」 ▶

□ 443
result from A

Aに起因 [由来] する、A (原因・条件など) から結果として生じる [起こる]　➕result in A は「Aという結果になる」 ▶

□ 444
recover from A
❶分離の from

A (病気・けがなど) から回復する (≒ get over A)；Aから復旧 [復興] する ▶

□ 445
graduate from A

A (各種の学校) を卒業する ▶

□ 446
differ from A
❶相違の from

Aと異なる、違う　➕be different from A よりフォーマルな表現 ▶

□ 447
suffer from A
❶原因の from

Aに苦しむ、悩む；(病気) を患う、病む ▶

□ 448
refrain from A
❶抑制の from

Aを差し控える、慎む、我慢する (≒ abstain from A)　➕keep from A よりフォーマルな表現 ▶

Check 2　Phrases 🎧 083

□ come from Osaka（大阪の出身である）

□ hear from an old friend（旧友から連絡をもらう）

□ result from poor diet〔[病気などが] 不十分な食生活に起因する〕

□ recover from (an) illness（病気から回復する）
□ recover from the recession（不景気から立ち直る）

□ graduate from college（大学を卒業する）

□ differ from person to person [place to place]（人 [地域] によって異なる）

□ suffer from a headache（頭痛に苦しむ）
□ suffer from poverty（貧困に苦しむ）

□ refrain from drinking（飲酒を慎む）

Check 3　Sentences 🎧 084

□ "Where do you come from?" "Japan."（「出身はどちらですか?」「日本です」）

□ I haven't heard from her for a long time.（私は長い間、彼女から連絡をもらっていない）

□ The fire resulted from a gas explosion.（その火事はガス爆発が原因だった）

□ She is recovering from surgery.（彼女は手術から回復しつつある）

□ He graduated from Waseda University in 2023.（彼は早稲田大学を2023年に卒業した）

□ My opinion differs greatly from his.（私の意見は彼の意見とかなり違う）

□ She's been suffering from asthma.（彼女はぜん息を患っている）

□ We are expected to refrain from chatting during lectures.（講義中はおしゃべりを差し控えるよう求められている）

| Day 27 🎧 079
Quick Review
答えは左ページ下 | □ participate in A
□ major in A
□ deal in A
□ result in A | □ succeed in A
□ end in A
□ lie in A
□ believe in A | □ change into A
□ go into A
□ get into A
□ fall into A | □ enter into A
□ come into A
□ turn into A
□ burst into A |

Check 1　　Chants 🎧 085

□ 449
allow A **to** do
▶

❶**Aに〜することを許可する**
❷Aに〜させておく、Aを〜するままにしておく
❸Aが〜することを可能にする
▶

□ 450
want A **to** do
▶

A（人）に〜してもらいたい、A（人）が〜すること
を望む
▶

□ 451
enable A **to** do
▶

Aに〜できるようにする、Aに〜する能力［手段、
権利］を与える
▶

□ 452
encourage A **to** do
▶

A（人）を〜するよう励ます、けしかける
▶

□ 453
ask A **to** do
▶

Aに〜するように頼む、Aに〜してほしいと言う
▶

□ 454
tell A **to** do
▶

Aに〜しろと言う　➊ask A to do、require A to do
よりも命令的なニュアンス
▶

□ 455
get A **to** do
▶

（説得などして）**Aに〜させる**、してもらう（≒have A
do、talk A into doing、persuade A to do [into doing]）
▶

□ 456
cause A **to** do
▶

A（人・事）に〜させる（原因となる）　➊通例、意図
的でない因果関係を表す
▶

continued
▼

今日からDay 32までは「動詞＋A＋前置詞＋B」型の熟語をチェック！　まずは、to不定詞、「対象・比較」のtoを使った熟語を見ていこう。

□ 聞くだけモード　Check 1
□ しっかりモード　Check 1 ▶ 2
□ かんぺきモード　Check 1 ▶ 2 ▶ 3

Check 2　Phrases 🎧 086

□ allow him to enter the building（彼にそのビルへ入ることを許可する）
□ allow a door to be opened（ドアを開けたままにしておく）

□ want her to come to the party（彼女にパーティーに来てもらいたい）

□ enable people to work from home（[通信手段の発達などが] 人々が在宅勤務できるようにする）

□ encourage him to study harder（もっと一生懸命勉強するように彼を励ます）

□ ask him to be quiet（彼に静かにするように頼む）

□ tell her to take out the trash（彼女にごみを出すように言う）

□ get him to stop shouting（彼に叫ぶのをやめさせる）
□ get her to help with the job（彼女に仕事を手伝ってもらう）

□ cause him to be late（[渋滞などが] 彼を遅刻させる原因となる）

Check 3　Sentences 🎧 087

□ Her parents didn't allow her to go out late at night.（彼女の両親は、彼女が夜遅くに外出するのを許可しなかった）

□ He wants her to marry him.（彼は彼女に自分と結婚してほしいと思っている）

□ This skill will enable you to find a job in the IT industry.（このスキルがあれば、あなたはIT業界で仕事を見つけることができるだろう）

□ Her parents encouraged her to apply to the university.（彼女の両親は彼女にその大学に出願することを勧めた）

□ She asked him to help her with her homework.（彼女は彼に宿題を手伝ってほしいと言った）

□ The doctor told me to take a few days to rest.（医者は私に数日間休養を取るように言った）

□ The teacher got her students to clean the classroom.（その先生は生徒たちに教室を掃除させた）

□ Heavy rain caused the game to be suspended.（大雨によりその試合は延期となった）

continued ▼

Check 1　　Chants 🎧 085

□ 457
add A **to** B
❶対象のto

AをBに加える、つけ足す

□ 458
apply A **to** B

❶**AをBに応用する**、利用する
❷A（規則など）をBに適用する
❸A（薬・ペンキなど）をBに塗る

□ 459
leave A **to** B

❶**AをBに任せる**、委ねる
❷A（遺産）をB（人）に残す、遺贈する

□ 460
attach A **to** B

❶**AをBにくっつける**、貼りつける、結びつける、添付する
❷A（重要性など）をBにあると考える
❸（be attached to Aで）Aに愛情［愛着］を持っている
❹（be attached to Aで）A（団体など）に所属している

□ 461
devote A **to** B

❶**A**（時間・努力など）**をB**（目的・仕事など）**にささげる**、充てる
❷（devote oneself to Aで）A（仕事など）に専念する、一身をささげる

□ 462
owe A **to** B

❶**A**（金）**をB**（人・店など）**に借りている**
❷A（物・事）についてBのおかげ［恩恵］を被っている
❸A（義務など）をB（人）に負っている

□ 463
compare A **to** [with] B
❶比較のto

❶**AをBと比較する**、比べる
❷AをBに例える、なぞらえる

□ 464
prefer A **to** B

BよりもAを好む

Day 28 🎧 082
Quick Review
答えは右ページ下

☐ Aを処理する
☐ Aを妨げる
☐ Aを手放す
☐ Aと意見が一致する

☐ Aと仲よくやっていく
☐ Aと文通する
☐ Aと競う
☐ Aで済ませる

☐ Aの出身である
☐ Aから連絡をもらう
☐ Aに起因する
☐ Aから回復する

☐ Aを卒業する
☐ Aと異なる
☐ Aに苦しむ
☐ Aを差し控える

Check 2 Phrases 🎧 086

- [ ] add sugar to tea（紅茶に砂糖を加える）
- [ ] add 2 to 5（5に2を足す）

- [ ] apply A's energies to the examination（その試験に力を注ぐ）

- [ ] leave the decision to him（決定を彼に任せる）
- [ ] leave assets to charity（遺産を慈善事業に贈る）

- [ ] attach documents to an email（電子メールに文書を添付する）
- [ ] attach importance to the decision（決定を重視する）

- [ ] devote more time to studying（より多くの時間を勉強に充てる）
- [ ] devote oneself to charity work（慈善活動に専念する）

- [ ] owe 5,000 yen to her（彼女に5000円を借りている）
- [ ] owe his success to her（彼の成功は彼女のおかげである）

- [ ] compare her work to his（彼女の作品を彼の作品と比較する）
- [ ] compare life to a journey（人生を旅に例える）

- [ ] prefer beef to pork（豚肉よりも牛肉を好む）

Check 3 Sentences 🎧 087

- [ ] She added some salt and spice to the soup.（彼女はスープに塩とコショウを少し加えた）

- [ ] He applied the money to the payment of a debt.（彼はそのお金を借金の返済に使った）

- [ ] My boss left the work to me.（私の上司はその仕事を私に任せた）

- [ ] He attached his photo to the application form.（彼は願書に彼の写真を貼りつけた）

- [ ] We need to devote more money to the project.（私たちはより多くのお金をそのプロジェクトに充てる必要がある）

- [ ] At that time, he owed $2 million to his bank.（当時、彼は銀行から200万ドル借りていた）

- [ ] They compared sales figures for the second quarter to the first quarter.（彼らは第2四半期の売上高を第1四半期と比べた）

- [ ] She prefers tea to coffee.（彼女はコーヒーよりも紅茶が好きだ）

Day 28 🎧 082
Quick Review
答えは左ページ下

☐ deal with A	☐ get along with A	☐ come from A	☐ graduate from A
☐ interfere with A	☐ correspond with A	☐ hear from A	☐ differ from A
☐ part with A	☐ compete with A	☐ result from A	☐ suffer from A
☐ agree with A	☐ do with A	☐ recover from A	☐ refrain from A

Check 1　　Chants 🎧 088

□ 465
focus A **on** B
❶対象のon

　❶**A**（注意など）**をBに集中させる**（≒ concentrate A on B）
　❷Aの焦点をBに合わせる

□ 466
spend A **on** B

　❶**A**（金・資源など）**をBに使う**
　❷A（時間）をBに費やす

□ 467
force A **on** [upon] B

　A（仕事・考えなど）**をB**（人）**に押しつける**　❺「相手が嫌がることを強制する」というニュアンス

□ 468
blame A **on** B

　AをB（人）**の責任にする**、せいにする　❺blame A on Bはblame B for Aに言い換え可能

□ 469
concentrate A **on** B

　A（努力・注意など）**をB**（仕事・目的など）**に集中する**（≒ focus A on B）

□ 470
base A **on** [upon] B
❶基礎のon

　A（理論など）**の基礎をB**（事実など）**に置く**、A（判断など）の根拠をBに置く　❺しばしばbe based on A（Aに基づいている）のように受け身で用いられる

□ 471
advise A **on** B
❶関連のon

　AにBについて助言[忠告]**する**

□ 472
congratulate A **on** B

　A（人）**にBのことを祝う**、A（人）にBのことでお祝いを述べる

continued
▼

チェックボックスを活用してる？ 理解できた熟語にはチェックを入れて、学習のペースメーカーとして使ってみよう。

□ 聞くだけモード　Check 1
□ しっかりモード　Check 1 ▶ 2
□ かんぺきモード　Check 1 ▶ 2 ▶ 3

Check 2　Phrases 🎧 089

□ focus A's attention on work
（仕事に注意を集中させる）
□ focus a telescope on the star
（望遠鏡の焦点をその星に合わせる）

□ spend $20,000 on a new car
（2万ドルを新車に支払う）
□ spend time on reading（読書に時間を費やす）

□ force piano lessons on her
（彼女にピアノのレッスンを強制する）

□ blame the accident on him
（その事故を彼のせいにする）

□ concentrate A's full attention on the problem （その問題に全注意力を集中する）

□ base decisions on facts （決定の根拠を事実に置く）

□ advise him on stock investments（株式投資について彼に助言する）

□ congratulate him on passing the entrance examination （彼に入試合格のお祝いを述べる）

Check 3　Sentences 🎧 090

□ The government should focus its attention on economic development. （政府は経済発展に配慮すべきだ）

□ The government should spend more money on education. （政府は教育にもっと多くのお金を使うべきだ）

□ You shouldn't force your opinions on others. （あなたは自分の考えを他人に押しつけるべきでない）

□ Don't blame your failures on others. （自分の失敗を他人のせいにしてはいけません）

□ Just concentrate your efforts on your studies. （勉強に努力を集中しなさい）

□ The theory is based on the results of experiments. （その理論は実験の結果に基づいている）

□ He advised me on my job search. （彼は仕事探しについて私に助言してくれた）

□ He congratulated me on my success. （彼は私の成功を祝ってくれた）

continued
▼

Check 1　　Chants 🎧 088

□ 473
provide A **for** B
❶目的のfor

A（必要な物など）**を** B（人など）**に供給** [提供] **する**、与える　➎provide A for Bはprovide B with Aに言い換え可能

□ 474
ask A **for** B

A（人）**に** B（事・物）**を欲しいと言う**、くれと頼む　➎ask A of Bは「B（人）にA（事・物）を頼む」

□ 475
take A **for** B
❶特性のfor
売AをBとして受け取る

❶**AをBだと思う**
❷誤ってAをBだと思い込む（≒mistake A for B）

□ 476
mistake A **for** B

A（人・物）**を** B（別の人・物）**と間違える**、思い違いをする（≒take A for B）

□ 477
exchange A **for** B
❶代用のfor

❶**AをBと交換する**　➎「よりよい [適している、有用な] 物と交換する」というニュアンス
❷AをBに両替する（≒change A for B）　➎通例、通貨の両替について使う。「A（金銭）をB（小銭）にくずす」はbreak A into B

□ 478
substitute A **for** B

AをBの代わりに用いる、AをBの代わりにする

□ 479
blame A **for** B
❶理由のfor

❶**BをA**（人）**の責任にする**、せいにする　➎blame A for Bはblame B on Aに言い換え可能
❷A（人）をBのことで非難する、責める（≒accuse A of B）

□ 480
punish A **for** B

A（人）**を** B（悪事など）**のかどで罰する**、処罰する

Day 29 🎧 085
Quick Review
答えは右ページ下

□Aに~することを許可する □Aに~するように頼む □AをBに加える □AをBにささげる
□Aに~してもらいたい □Aに~しろと言う □AをBに応用する □AをBに借りている
□Aに~できるようにする □Aに~させる □AをBに任せる □AをBと比較する
□Aを~するよう励ます □Aに~させる □AをBにくっつける □BよりもAを好む

Check 2 Phrases 🎧 089

□ provide a good education for students (生徒たちに優れた教育を与える)

□ ask him for advice (彼にアドバイスを求める)

□ take it for the truth (それを真実だと思う)
□ take him for a doctor (彼を医者だと思い込む)

□ mistake salt for sugar (塩を砂糖と間違える)

□ exchange dollars for euros (ドルをユーロに両替する)

□ substitute sugar for honey (砂糖をはちみつの代わりに用いる)

□ blame him for the accident (その事故を彼のせいにする)

□ punish her for being late (遅刻したことで彼女を罰する)

Check 3 Sentences 🎧 090

□ The charity provides blankets and clothing for homeless people. (その慈善団体はホームレスの人々に毛布と服を提供している)

□ He asked his boss for a raise. (彼は上司に昇給を求めた)

□ Don't take me for a fool. (私をばかだと思わないでください)

□ I mistook his brother for him. (私は彼の兄を彼と間違えた)

□ He exchanged his shirt for a larger size. (彼はシャツを大きいサイズに交換した)

□ She substitutes low-fat milk for whole milk. (彼女は全乳の代わりに低脂肪乳を飲んでいる)

□ His mother blamed him for being lazy. (彼の母親は彼を怠惰だと責めた)

□ His parents punished him for stealing their money. (彼の両親はお金を盗んだことで彼を罰した)

□ allow A to do	□ ask A to do	□ add A to B	□ devote A to B
□ want A to do	□ tell A to do	□ apply A to B	□ owe A to B
□ enable A to do	□ get A to do	□ leave A to B	□ compare A to B
□ encourage A to do	□ cause A to do	□ attach A to B	□ prefer A to B

Check 1 Chants 🎧 091

□ 481
inform A **of** [about] B
❶関連のof

A（人）にB（ニュースなど）について知らせる、通知する

□ 482
assure A **of** B

A（人）にB（物・事）を保証する ❶「絶対に大丈夫だと安心させる」というニュアンス

□ 483
remind A **of** [about] B

A（人）にB（人・事・物）を気づかせる、思い出させる

□ 484
accuse A **of** B

❶A（人）をB（犯罪など）のかどで告発［告訴、起訴］する、訴える
❷A（人）をB（不正行為など）のかどで非難する、責める（≒ blame A for B）

□ 485
suspect A **of** B

A（人）にB（悪事・犯罪など）の容疑［嫌疑］をかける

□ 486
clear A **of** B
❶分離のof

A（場所）からB（人・物）を取り除く、排除する、片づける ❶clear A of Bはclear B from Aに言い換え可能

□ 487
rob A **of** B

A（人・場所）からB（金・物など）を奪う、強奪する（≒ deprive A of B、strip A of B）

□ 488
deprive A **of** B

A（人・物）からB（人・物・地位など）を奪う（≒ rob A of B、strip A of B）；AにBを与えない ❶「必要な物・欲しい物を取り上げる」というニュアンス

continued ▼

ここでも、of では「分離」の用法に要注意。「A を B に変える」を表す「変化」の into の用法も 完ぺきにしておこう。

□ 聞くだけモード　Check 1
□ しっかりモード　Check 1 ▶ 2
□ かんぺきモード　Check 1 ▶ 2 ▶ 3

Check 2　Phrases 🎧 092

□ inform **them** of the news（彼 らにそのニュースについて知らせる）

□ assure **customers** of the best service（顧客に最高のサービス を保証する）

□ remind **him** of the meeting （彼にその会議［があること］を気づかせ る）

□ accuse **him** of theft（彼を窃盗の かどで訴える）
□ accuse **her** of lying（彼女をうそ をついていると責める）

□ suspect **him** of fraud（彼に詐欺 の容疑をかける）

□ clear **the street** of snow（通り を除雪する）

□ rob **him** of his fortune（彼から 財産を奪う）
□ be robbed of **A**（A を奪われる）

□ deprive **her** of her liberty（彼 女から自由を奪う）

Check 3　Sentences 🎧 093

□ He informed us of his safe arrival. （彼は私たちに無事に到着したことを知らせてき た）

□ They assured me of his sincerity. （彼らは彼が誠実であることを私に保証した）

□ He reminded her of the party that evening.（彼は彼女にその晩のパーティーにつ いて念を押した）

□ The man was accused of murder. （その男は殺人のかどで起訴された）

□ The man is suspected of murder. （その男は殺人の容疑をかけられている）

□ She cleared the table of dishes and glasses after dinner.（彼女は夕食 後、テーブルから食器とグラスを片づけた）

□ The man robbed her of her purse. （その男は彼女から財布を奪った）

□ Children living in poverty tend to be deprived of their right to educa- tion.（貧困の中で暮らしている子どもたちは、教 育を受ける権利を奪われがちである）

continued
▼

Check 1　Chants 🎧 091

□ 489
turn A **into** B
❶変化のinto

　　A を B に変える、変化させる

□ 490
convert A **into** B

　　A を B に変える、変形 [転換、変質] させる　➕「機能や用途を変える」というニュアンス

□ 491
change A **into** B

　　A を B に変える、変化させる

□ 492
make A **into** B

❶**A**（材料など）**を B**（製品など）**にする**
❷A（人）を B（英雄など）にする

□ 493
transform A **into** B

　　A（物）**を B に変形** [変質] **させる**　➕「外見・形・性質を完全に変える」というニュアンス

□ 494
divide A **into** B

❶**A を B に分ける**、分割する
❷A を B に分類する
❸A（数）で B（数）を割る　➕この意味のdivide A into B はdivide B by Aに言い換え可能

□ 495
put A **into** B
㊙A を B の中へ入れる

❶**A**（言葉など）**を B**（他国語）**に翻訳する**、言い換える　➕translate A into Bよりくだけた表現
❷A（考えなど）を B（言葉など）で表現する

□ 496
translate A **into** B

　　A（言語など）**を B**（ほかの言語）**に翻訳** [通訳] **する**　➕put A into Bよりフォーマルな表現

Day 30 🎧 088
Quick Review
答えは右ページ下

□ A を B に集中させる　□ A を B に集中する　□ A を B に供給する　□ A を B と交換する
□ A を B に使う　□ A の基礎を B に置く　□ A に B を欲しいと言う　□ A を B の代わりに用いる
□ A を B に押しつける　□ A に B について助言する　□ A を B だと思う　□ B を A の責任にする
□ A を B の責任にする　□ A に B のことを祝う　□ A を B と間違える　□ A を B のかどで罰する

Check 2　Phrases 🎧 092

- ☐ turn **water** into **ice**（水を氷に変化させる）
- ☐ turn **a boy** into **a frog**（[魔法などで] 少年をカエルにする）

- ☐ convert **an attic** into **a bedroom**（屋根裏部屋を寝室に変える）

- ☐ change **the backyard** into **a garden**（裏庭を庭園に変える）

- ☐ make **milk** into **yogurt**（牛乳をヨーグルトにする）

- ☐ transform **light** into **energy**（光をエネルギーに変える）

- ☐ divide **the pizza** into **eight equal parts**（ピザを均等に8つに分ける）

- ☐ put **an English novel** into **Japanese**（英語の小説を日本語に翻訳する）

- ☐ translate **Japanese** into **Chinese**（日本語を中国語に翻訳する）

Check 3　Sentences 🎧 093

- ☐ **Heavy rains** turned **streams** into **torrents**.（大雨が小川を激流に変えた）

- ☐ **The city** converted **the school gymnasium** into **a shelter**.（市はその学校の体育館を避難所にした）

- ☐ **The magician** changed **a handkerchief** into **a pigeon**.（そのマジシャンはハンカチをハトに変えた）

- ☐ **The film company** made **the novel** into **a movie**.（その映画会社はその小説を映画化した）

- ☐ **They** transformed **the old building** into **a museum**.（彼らはその古いビルを美術館に変えた）

- ☐ **She** divided **the bread dough** into **two parts and made each into a ball**.（彼女はパン生地を2つに分けて、それぞれを丸めた）

- ☐ **Put** these **Japanese sentences** into **German**.（これらの日本語の文をドイツ語に訳しなさい）

- ☐ **She** translated **the book** into **English**.（彼女はその本を英語に翻訳した）

Day 30 🎧 088
Quick Review
答えは左ページ下

☐ focus A on B　☐ concentrate A on B　☐ provide A for B　☐ exchange A for B
☐ spend A on B　☐ base A on B　☐ ask A for B　☐ substitute A for B
☐ force A on B　☐ advise A on B　☐ take A for B　☐ blame A for B
☐ blame A on B　☐ congratulate A on B　☐ mistake A for B　☐ punish A for B

Check 1　　Chants 🎧 094

□ 497
provide A **with** B
❶材料のwith

A（人など）に B（必要な物など）を供給 [提供] する、与える（≒ supply A with B）❶provide A with Bは provide B for Aに言い換え可能

□ 498
fill A **with** B

❶ A（場所・容器など）を B でいっぱいにする、満たす
❷ A（時間など）を B（事）で占める

□ 499
share A **with** B
❶対象のwith

A（利害・考え・情報など）を B（人）と共有する、分かち合う

□ 500
help A **with** B

A（人）の B（仕事など）を手伝う

□ 501
replace A **with** B

A を B と取り換える、A の代わりを B で補う

□ 502
present A **with** B

❶ A（人・団体）に B（物）を贈る、贈呈 [進呈] する
❷ A（人）に B（物）を提出する
❸ A（人）に B（お世辞など）を恭しく述べる

□ 503
associate A **with** B

A を B と結びつけて考える、A で B を連想する；A を B と関連づける（≒ connect A with B）

□ 504
supply A **with** B

A（人など）に B（足りない物）を供給 [支給] する（≒ provide A with B）❶supply A with Bは supply B to [for] Aに言い換え可能

continued
▼

withでは「材料・対象」の用法を再確認。asでは「動詞＋A as B」で「A＝B」の関係になっていることを理解しよう。

☐ 聞くだけモード　Check 1
☐ しっかりモード　Check 1 ▶ 2
☐ かんべきモード　Check 1 ▶ 2 ▶ 3

Check 2　Phrases 🎧 095

☐ provide **them** with **information** （彼らに情報を提供する）

☐ fill **a glass** with **milk** （グラスをミルクで満たす）
☐ fill **the hole** with **soil** （穴を土で埋める）

☐ share **information** with **each other** （お互いに情報を共有する）
☐ share **happiness** with **others** （他者と幸せを分かち合う）

☐ help **her** with **her homework** （彼女の宿題を手伝う）

☐ replace **the old battery** with **a new one** （古い電池を新しい電池と取り換える）

☐ present **her** with **a gift** （彼女に贈り物を贈る）
☐ present **the committee** with **a report** （委員会に報告書を提出する）

☐ associate **war** with **misery** （戦争と悲惨さを結びつけて考える）

☐ supply **refugees** with **food** （避難民に食料を供給する）

Check 3　Sentences 🎧 096

☐ **Newspapers** provide **us** with **the facts.** （新聞は私たちに事実を知らせてくれる）

☐ **She** filled **her bag** with **books.** （彼女はかばんに本を詰めた）

☐ **I** share **a room** with **an American student in a dormitory.** （私は寮でアメリカ人の学生と部屋を共有している）

☐ **Husbands and wives** should help **each other** with **the housework.** （夫と妻はお互いの家事を手伝うべきだ）

☐ **I'll** replace **my old PC** with **a brand-new one.** （私は自分の古いパソコンを新品のパソコンと取り換えるつもりだ）

☐ **The company** presented **him** with **a gold watch for his 30 years of service.** （勤続30年を記念して、会社は彼に金の時計を贈呈した）

☐ **Many people** associate **the countryside** with **peace and relaxation.** （多くの人は田舎というと平和やくつろぎを連想する）

☐ **The company** supplies **all employees** with **a smartphone.** （その会社は全従業員にスマートフォンを支給している）

continued ▼

Check 1　　Chants 🎧 094

□ 505
see A **as** B
❶「〜として（の）」のas
▶

AをBと見なす、考える、想像する（≒ view A as B、think of A as B、regard A as B、look on A as B）
▶

□ 506
view A **as** B
▶

AをBと見なす（≒ see A as B、think of A as B、regard A as B、look on A as B）
▶

□ 507
regard A **as** B
▶

AをBと見なす、考える、思う（≒ see A as B、view A as B、think of A as B、look on A as B）
▶

□ 508
refer to A **as** B
▶

AをBと呼ぶ、言う
▶

□ 509
describe A **as** B
▶

AをBだと言う、評する
▶

□ 510
think of A **as** B
▶

AをBと考える、見なす（≒ see A as B、view A as B、regard A as B、look on A as B）
▶

□ 511
accept A **as** B
▶

AをBとして容認する、受け入れる、認める、見なす
▶

□ 512
recognize A **as** B
▶

AをBだと認める ➕「重要なもの・優れたものであると認める」というニュアンス
▶

Day 31 🎧 091
Quick Review
答えは右ページ下

□ AにBについて知らせる □ AにBの容疑をかける □ AをBに変える □ AをBに変形させる
□ AにBを保証する □ AからBを取り除く □ AをBに変える □ AをBに分ける
□ AにBを気づかせる □ AからBを奪う □ AをBに変える □ AをBに翻訳する
□ AをBのかどで告発する □ AからBを奪う □ AをBにする □ AをBに翻訳する

Check 2　Phrases 🎧 095

□ see him as a little kid (彼を子どもと見なす)

□ view him as an opponent (彼を敵と見なす)

□ regard the situation as stable (状況は安定していると見なす)

□ refer to New York as "the Big Apple" (ニューヨークを「ビッグアップル」と呼ぶ ➕the Big Appleはニューヨークの愛称)

□ describe her as charming (彼女を魅力的だと言う)

□ think of her as a brilliant musician (彼女を素晴らしい音楽家だと考える)

□ accept facts as facts (事実を事実として受け入れる)

□ recognize him as leader (彼を指導者だと認める)

Check 3　Sentences 🎧 096

□ I can't see him as a teacher. (私は彼を先生とは思えない)

□ I view her as my best friend. (私は彼女を一番の親友だと思っている)

□ I regard Beethoven's Ninth Symphony as his best work. (私はベートーベンの交響曲第9番が彼の最高傑作だと思う)

□ The ASEAN countries now officially refer to Burma as Myanmar. (ASEAN諸国では現在、公式にはビルマをミャンマーと呼んでいる)

□ Many people describe him as an earnest, intelligent man. (多くの人が彼をまじめで聡明な人物だと評している)

□ He thinks of himself as an ordinary guy. (彼は自分のことを普通の男だと思っている)

□ They accepted him as a new member of the club. (彼らは彼をクラブの新メンバーとして認めた)

□ He is recognized as one of the world's greatest novelists. (彼は世界で最も偉大な小説家の1人として認められている)

Day 31 🎧 091
Quick Review
答えは左ページ下

□ inform A of B
□ assure A of B
□ remind A of B
□ accuse A of B

□ suspect A of B
□ clear A of B
□ rob A of B
□ deprive A of B

□ turn A into B
□ convert A into B
□ change A into B
□ make A into B

□ transform A into B
□ divide A into B
□ put A into B
□ translate A into B

Check 1　　Chants 🎧 097

□ 513
be **likely to** do

〜**しそうである**、多分〜するであろう（⇔be unlikely to do）

□ 514
be **ready to** do

❶ **〜する用意 [準備] ができている**（≒ be prepared to do）
❷ 喜んで [進んで] 〜する（≒ be glad to do、be willing to do）

□ 515
be **free to** do

（人が）**自由に〜できる**

□ 516
be **sure** [certain] **to** do

きっと〜する、〜するのは確実である　➕be certain to do のほうが確信度が強い

□ 517
be **willing to** do

❶ **快く〜する**、〜するのをいとわない（≒ be glad to do）
❷ 〜する用意がある（≒ be ready to do、be prepared to do）

□ 518
be **supposed to** do

❶（人が）**〜することになっている**、〜するはずである；（否定文で）〜してはいけないことになっている
❷（物・事が）〜するよう意図されている

□ 519
be **forced to** do

〜せざるを得ない　➕be compelled to do より一般的な表現

□ 520
be **compelled to** do

〜せざるを得ない、仕方なく〜する　➕be forced to do よりフォーマルな表現

continued
▼

今日からDay 35までの3日間では、「be＋形容詞＋前置詞＋A」型の熟語をマスター。まずは、to不定詞と前置詞toを使った熟語から！

□ 聞くだけモード　Check 1
□ しっかりモード　Check 1 ▶ 2
□ かんぺきモード　Check 1 ▶ 2 ▶ 3

Check 2　Phrases 🎧 098

□ **be likely to succeed**（成功しそうである）
□ **be likely to rain**（[itを主語として] 雨が降りそうである）

□ **be ready to go**（出発の準備ができている）
□ **be ready to help her**（喜んで彼女を助ける）

□ **be free to choose**（自由に選べる）

□ **be sure to succeed**（きっと成功する）
□ **be sure to rain**（[itを主語として] きっと雨が降る）

□ **be willing to help him**（快く彼を助ける）

□ **be supposed to be there by noon**（正午までにそこへ行くことになっている）

□ **be forced to quit**（辞職せざるを得ない）

□ **be compelled to cancel the plan**（計画を中止せざるを得ない）

Check 3　Sentences 🎧 099

□ **They are likely to win the game.**（彼らはその試合に勝ちそうである）

□ **Are you ready to order?**（ご注文の準備はよろしいですか？）

□ **She is free to go there.**（彼女は自由にそこへ行ける）

□ **Be sure to lock the door when you leave home.**（出かけるときは必ずドアに鍵をかけなさい）

□ **He's willing to make compromises.**（彼は妥協する用意がある）

□ **He is supposed to attend the meeting.**（彼はその会議に出席することになっている）

□ **They were forced to leave their country because of the civil war.**（彼らは内戦のため自国を離れざるを得なかった）

□ **He was compelled to admit defeat.**（彼は負けを認めざるを得なかった）

continued
▼

Check 1　　Chants 🎧 097

□ 521
be **used to** A
❶対象のto

Aに慣れている（≒ be accustomed to A）　❶used to do（[以前は]よく～したものだ）との違いに注意

□ 522
be **accustomed to** A

Aに慣れている（≒ be used to A）、Aが習慣になっている

□ 523
be **opposed to** A

Aに反対している：Aに敵対[対抗、対立]している

□ 524
be **subject to** A

❶**Aに服従[従属]している**、Aの支配下にある
❷Aにかかりやすい、Aを受けやすい

□ 525
be **familiar to** A

Aによく知られている、おなじみである　❶be familiar with Aは「Aをよく知っている」

□ 526
be **similar to** A
❶比較のto

Aと似ている、類似している、同種[同類]である
❶「ほとんど同じだが、少し違っている」というニュアンス。「Aと全く同じである」はbe identical to A

□ 527
be **equal to** A

❶**Aと等しい**、Aに匹敵する
❷A（仕事など）に対応し得る、耐えられる

□ 528
be **superior to** A

Aより優れている、勝っている；Aより上級[上位]である（⇔ be inferior to A）

Day 32 🎧 094
Quick Review
答えは右ページ下

☐ AにBを供給する　　☐ AをBと取り換える　☐ AをBと見なす　☐ AをBだと言う
☐ AをBでいっぱいにする☐ AにBを贈る　　　　☐ AをBと見なす　☐ AをBと考える
☐ AをBと共有する　　☐ AをBと結びつけて考える☐ AをBと見なす　☐ AをBとして容認する
☐ AのBを手伝う　　　☐ AにBを供給する　　☐ AをBと呼ぶ　　☐ AをBだと認める

Check 2　Phrases 🎧 098

- □ **get used to A** (Aに慣れる)
- □ **be** used to **spicy food** (辛い料理に慣れている)

- □ **be accustomed to cold weather** (寒い気候に慣れている)

- □ **be opposed to the plan** (その計画に反対している)

- □ **be subject to change** (変更されることがある)
- □ **be subject to colds** (風邪にかかりやすい)

- □ **be familiar to everyone** (みんなによく知られている)

- □ **be similar to each other** (お互いに似ている)

- □ **be equal to him in ability** (能力の点で彼に匹敵する)
- □ **be equal to the job** [人が] その仕事に耐えられる)

- □ **be superior to him in mathematics** (数学において彼より優れている)

Check 3　Sentences 🎧 099

- □ **I'm not** used to **hot weather.** (私は暑い気候に慣れていない)

- □ **He's not** accustomed to **getting up early.** (彼は早起きに慣れていない)

- □ **I'm** opposed to **all war.** (私はいかなる戦争にも反対だ)

- □ **When you are in a foreign country, you are** subject to **the laws of that country.** (外国にいるときは、その国の法律の支配下にある)

- □ **Her voice is** familiar to **me.** (彼女の声は私にとってなじみがある)

- □ **Her voice is very** similar to **her mother's.** (彼女の声は彼女の母親の声と非常に似ている)

- □ **His score in the game is** equal to **mine.** (彼のそのゲームのスコアは私と同じだ)

- □ **My new PC is** superior to **the old one in every respect.** (私の新しいパソコンはすべての点で前のパソコンより優れている)

Day 32 🎧 094
Quick Review
答えは左ページ下

- □ provide A with B
- □ fill A with B
- □ share A with B
- □ help A with B
- □ replace A with B
- □ present A with B
- □ associate A with B
- □ supply A with B
- □ see A as B
- □ view A as B
- □ regard A as B
- □ refer to A as B
- □ describe A as B
- □ think of A as B
- □ accept A as B
- □ recognize A as B

Check 1   Chants 🎧 100

□ 529
be **interested in** A
❶分野のin

Aに興味 [関心] を持っている

□ 530
be **caught in** A

A（渋滞・嵐など）に遭う

□ 531
be **rich in** A

Aに富んで [恵まれて] いる、Aが豊富である（⇔be poor in A）

□ 532
be **lacking** [wanting] **in** A

❶**Aが欠けている**
❷Aに不足している（≒ be short of A、be poor in A）

□ 533
be **poor in** A

Aに不足している、Aに乏しい（≒ be lacking [wanting] in A、be short of A ⇔be rich in A）

□ 534
be **involved in** A
❶従事のin

❶（よい意味で）**A（活動など）に参加している**、携わっている
❷A（悪いことなど）に関係している

□ 535
be **engaged in** A

❶**Aに従事 [没頭] している**
❷Aに忙しい

□ 536
be **absorbed in** A

Aに熱中 [没頭] している、夢中になっている

continued
▼

見出し中の「be」は、主語の人称や時制によって、is・am・are＝現在形、was・were＝過去形になることに注意しよう。

□ 聞くだけモード　Check 1
□ しっかりモード　Check 1 ▶ 2
□ かんぺきモード　Check 1 ▶ 2 ▶ 3

Check 2　Phrases 🎧 101

□ **be** interested in **politics**（政治に関心を持っている）

□ **be** caught in **a traffic jam**（交通渋滞に遭う）

□ **be** rich in **natural resources**（[国などが] 天然資源に恵まれている）

□ **be** lacking in **determination**（決断力が欠けている）

□ **be** poor in **minerals**（[国などが] 鉱物資源に乏しい）

□ **be** involved in **the project**（そのプロジェクトに参加している）

□ **be** engaged in **research**（研究に従事 [没頭] している）

□ **be** absorbed in **reading**（読書に没頭している）

Check 3　Sentences 🎧 102

□ **He's** interested in **a career in banking.**（彼は銀行の仕事に興味を持っている）

□ **I got** caught in **the snowstorm while driving home.**（私は車で帰宅途中に吹雪に遭った）

□ **Milk is** rich in **protein, calcium and vitamins.**（牛乳はタンパク質、カルシウム、そしてビタミンが豊富である）

□ **She is** lacking in **common sense.**（彼女は常識が欠けている）

□ **Japan is** poor in **natural resources.**（日本は天然資源に乏しい）

□ **I'm** involved in **several volunteer activities.**（私はいくつかのボランティア活動に参加している）

□ **She's** engaged in **volunteer work.**（彼女はボランティア活動に従事している）

□ **She was** absorbed in **her conversation.**（彼女は会話に夢中になっていた）

continued
▼

Check 1　Chants 🎧 100

□ 537
be **suitable for** A
❶目的のfor

Aに適している、ふさわしい（≒ be good for A、be appropriate for A、be suited to [for] A、be fit for A）

□ 538
be **good for** A

Aに適している、ふさわしい（≒ be suitable for A、be appropriate for A、be suited to [for] A、be fit for A）

□ 539
be **fit for** A

A（仕事など）に適任[有能]である；A（目的・条件など）に適している、ふさわしい（≒ be suitable for A、good for A、be appropriate for A、be suited to [for] A）

□ 540
be **known for** A
❶理由のfor

Aで知られている、有名である　❶be known to Aは「Aに知られている」、be known as Aは「Aとして知られている」

□ 541
be **famous for** A

Aで有名[高名]である　❶be famous as Aは「Aとして有名である」。「（悪い意味で）Aで有名である」はbe notorious for A

□ 542
be **responsible for** A
❶関連のfor

❶Aに責任がある、責任を取るべきである
❷Aの原因である

□ 543
be **ready for** A
❶準備のfor

Aの用意[準備]ができている

□ 544
be **bound for** A
❶方向のfor

（列車などが）A行きである：Aへ行こうとしている

Day 33 🎧 097
Quick Review
答えは右ページ下

□ ～しそうである　□ 快く～する　□ Aに慣れている　□ Aによく知られている
□ ～する用意ができている　□ ～することになっている　□ Aに慣れている　□ Aと似ている
□ 自由に～できる　□ ～せざるを得ない　□ Aに反対している　□ Aと等しい
□ きっと～する　□ ～せざるを得ない　□ Aに服従している　□ Aより優れている

168 ▶ 169

□ **be** suitable **for young children**（[本などが] 幼児に適している）	□ **He is not** suitable **for the position.** （彼はその地位にふさわしくない）
□ **be** good **for swimming**（[浜辺などが] 泳ぐのに適している）	□ **These shoes are** good **for your feet.** （この靴はあなたの足に合っている）
□ **be** fit **for the job**（その仕事に適任である）	□ **This fish isn't** fit **for eating.** （この魚は食用に適さない）
□ **be** known **for growing watermelons**（[地域などが] スイカの生産で有名である）	□ **He is** known **for his modest and gentle character.** （彼はその謙虚で穏やかな性格で知られている）
□ **be** famous **for hot springs** （[場所などが] 温泉で有名である）	□ **Kyoto is** famous **for its old temples and shrines.** （京都は古い寺や神社で有名だ）
□ **be** responsible **for safety**（安全に責任がある） □ **be** responsible **for the delay** （遅れの原因である）	□ **Parents are** responsible **for their kids' actions.** （親は子どもの行動に責任がある）
□ **be** ready **for work**（仕事の準備ができている）	□ **The book will be** ready **for publication soon.** （その本は近いうちに出版される予定だ）
□ **a train** bound **for Osaka**（大阪行きの電車）	□ **This plane is** bound **for London.** （この飛行機はロンドン行きだ）

Day 33 🎧 097
Quick Review
答えは左ページ下

☐ be likely to do ☐ be willing to do ☐ be used to A ☐ be familiar to A
☐ be ready to do ☐ be supposed to do ☐ be accustomed to A ☐ be similar to A
☐ be free to do ☐ be forced to do ☐ be opposed to A ☐ be equal to A
☐ be sure to do ☐ be compelled to do ☐ be subject to A ☐ be superior to A

Check 1　　Chants 🎧 103

□ 545
be **aware of** A
❶ 対象の of

Aに気づいている、Aを承知している（≒ be conscious of A）

□ 546
be **worthy of** A

Aに値する、Aを受ける価値がある（≒ deserve）

□ 547
be **afraid of** A

Aを恐れている、怖がっている

□ 548
be **conscious of** A

Aを自覚 [意識] している；Aに気づいている（≒ be aware of A）

□ 549
be **independent of** A
❶ 分離の of

❶ **Aに頼っていない**、依存していない（⇔ be dependent on [upon] A）
❷ Aから独立している、支配を受けていない
❸ Aと関係 [関連] がない

□ 550
be **short of** A

Aに不足している、Aに達していない（≒ be lacking [wanting] in A、be poor in A）

□ 551
be **made up of** A
❶ 構成の of

Aから成り立っている（≒ consist of A、be composed of A）

□ 552
be **sure** [certain] **of** [about] A
❶ 関連の of

Aを確信している（≒ be confident of [about] A、be convinced of A）　❶ be certain of [about] A のほうが確信度が強い

continued
▼

今日でChapter 3は最後。前置詞の用法は、かなり身についたのでは？ 自信がない人は、時間のあるときに復習しておこう。

☐ 聞くだけモード　Check 1
☐ しっかりモード　Check 1 ▶ 2
☐ かんぺきモード　Check 1 ▶ 2 ▶ 3

CHAPTER 1
CHAPTER 2
CHAPTER 3
CHAPTER 4
CHAPTER 5

Check 2　Phrases 🎧 104

☐ be aware of risks（危険に気づいている）

☐ be worthy of consideration（検討に値する）

☐ be afraid of dogs（イヌを怖がっている）

☐ be conscious of the camera（カメラを意識している）

☐ be independent of A's parents（親に依存していない）
☐ become independent of the mother country（母国から独立する）

☐ be short of experience（経験が足りない）

☐ be made up of atoms（原子から成り立っている）

☐ be sure of his success（彼の成功を確信している）

Check 3　Sentences 🎧 105

☐ I'm aware of my faults.（私は自分の短所を知っている）

☐ His deed was worthy of praise.（彼の行いは称賛に値するものだった）

☐ She's afraid of heights.（彼女は高所恐怖症だ）

☐ He was fully conscious of what he was doing.（彼は自分が何をしているかを完全に自覚していた）

☐ He is independent of his parents economically.（彼は経済的に親に頼っていない）

☐ The company is short of cash.（その会社は現金が不足している）

☐ The United States is made up of 50 states.（アメリカ合衆国は50の州から成り立っている）

☐ The prosecutors are sure of the defendant's guilt.（検察側はその被告人の有罪を確信している）

continued
▼

Check 1　Chants 🎧 103

□ 553
be **familiar with** A
❶対象のwith

A をよく知っている、熟知している、Aに精通している　➕be familiar to Aは「Aによく知られている」

□ 554
be **satisfied with** A

A に満足している　➕「完全に満足している」というニュアンス。「ほどほどに満足している」はbe content with A

□ 555
be **content with** A

A に満足している：Aに甘んじている　➕「ほどほどに満足している」というニュアンス。「完全に満足している」はbe satisfied with A

□ 556
be **popular with** A

A に人気がある、評判がよい

□ 557
be **acquainted with** A

❶**A と知り合いである**　➕「数回会ったことがある」というニュアンスで、親友などについては用いない
❷Aの知識[心得]がある、Aを知っている、Aに精通している

□ 558
be **filled with** A
❶材料のwith

❶(場所・容器などが) **A でいっぱいである**、満たされている
❷(人・心などが) A (感情など) でいっぱいになっている、満たされている

□ 559
be **faced with** A
❶敵対のwith

A (困難など) **に直面している** (≒ be confronted with A)

□ 560
be **busy with** A
❶理由のwith

A で忙しい、多忙である

Day 34 🎧 100
Quick Review
答えは右ページ下

☐ Aに興味を持っている　☐ Aに不足している　☐ Aに適している　☐ Aで有名である
☐ Aに遭う　☐ Aに参加している　☐ Aに適している　☐ Aに責任がある
☐ Aに富んでいる　☐ Aに従事している　☐ Aに適任である　☐ Aの用意ができている
☐ Aが欠けている　☐ Aに熱中している　☐ Aで知られている　☐ A行きである

Check 2　Phrases 🎧 104

□ be familiar with **this area**（この地域のことをよく知っている；この分野に精通している）

□ be satisfied with **the results**（結果に満足している）

□ be content with **the present situation**（現状に満足している［甘んじている］）

□ be popular with **teenagers**（ティーンエージャーに人気がある）

□ get [become] acquainted with **him**（彼と知り合いになる）
□ be acquainted with **new technologies**（新しい技術に精通している）

□ be filled with **water**（水でいっぱいである）
□ be filled with **sorrow [joy]**（悲しみ［喜び］で満たされている）

□ be faced with **difficulties**（難局に直面している）

□ be busy with **homework**（宿題で忙しい）

Check 3　Sentences 🎧 105

□ **They became** familiar with **each other and began to understand each other.**（彼らはお互いをよく知るようになり、お互いを理解し始めた）

□ **We were** satisfied with **the service at the restaurant.**（私たちはそのレストランのサービスに満足した）

□ **He's** content with **his job.**（彼は自分の仕事に満足している）

□ **He is** popular with **girls.**（彼は女の子に人気がある）

□ **I got** acquainted with **her by chance.**（私はふとしたことで彼女と知り合いになった）

□ **The store was** filled with **shoppers.**（その店は買い物客でいっぱいだった）

□ **The country is now** faced with **an economic crisis.**（その国は現在、経済的危機に直面している）

□ **I'm** busy with **my work at the moment.**（私は今、仕事で忙しい）

Day 34 🎧 100
Quick Review
答えは左ページ下

□ be interested in A
□ be caught in A
□ be rich in A
□ be lacking in A

□ be poor in A
□ be involved in A
□ be engaged in A
□ be absorbed in A

□ be suitable for A
□ be good for A
□ be fit for A
□ be known for A

□ be famous for A
□ be responsible for A
□ be ready for A
□ be bound for A

Chapter 3 Review

左ページの(1)～(20)の熟語の同意熟語・類義熟語（または同意語・類義語）（≒）、反意熟語・反対熟語（または反意語・反対語）（⇔）を右ページのＡ～Ｔから選び、カッコの中に答えを書き込もう。意味が分からないときは、見出し番号を参照して復習しておこう（答えは右ページ下）。

- [ ] (1) come to do (385) ≒は? (　　　)
- [ ] (2) reflect on A (404) ≒は? (　　　)
- [ ] (3) make up for A (416) ≒は? (　　　)
- [ ] (4) result in A (420) ≒は? (　　　)
- [ ] (5) agree with A (436) ⇔は? (　　　)
- [ ] (6) recover from A (444) ≒は? (　　　)
- [ ] (7) get A to do (455) ≒は? (　　　)
- [ ] (8) focus A on B (465) ≒は? (　　　)
- [ ] (9) mistake A for B (476) ≒は? (　　　)
- [ ] (10) rob A of B (487) ≒は? (　　　)
- [ ] (11) provide A with B (497) ≒は? (　　　)
- [ ] (12) associate A with B (503) ≒は? (　　　)
- [ ] (13) see A as B (505) ≒は? (　　　)
- [ ] (14) be ready to do (514) ≒は? (　　　)
- [ ] (15) be forced to do (519) ≒は? (　　　)
- [ ] (16) be superior to A (528) ⇔は? (　　　)
- [ ] (17) be rich in A (531) ⇔は? (　　　)
- [ ] (18) be suitable for A (537) ≒は? (　　　)
- [ ] (19) be aware of A (545) ≒は? (　　　)
- [ ] (20) be worthy of A (546) ≒は? (　　　)

A. take A for B

B. be inferior to A

C. supply A with B

D. end in A

E. be conscious of A

F. deprive A of B

G. consider

H. regard A as B

I. compensate for A

J. be compelled to do

K. talk A into doing

L. be poor in A

M. connect A with B

N. disagree with A

O. be appropriate for A

P. get over A

Q. be prepared to do

R. concentrate A on B

S. deserve

T. get to do

【解答】(1) T (2) G (3) I (4) D (5) N (6) P (7) K (8) R (9) A (10) F
(11) C (12) M (13) H (14) Q (15) J (16) B (17) L (18) O (19) E (20) S

CHAPTER 4

数語で1つの品詞の働きをする熟語

Chapter 4では、数語で1つの前置詞、副詞、形容詞、助動詞、接続詞といった品詞の働きをする熟語を見ていきます。熟語といっても、「1つの品詞」と考えれば怖くない！「固まり」で覚えていきましょう！

すみません。みんなが聞こえるように、もう少し大きな声で話してくれませんか？

Excuse me. Could you speak a bit louder (　　) (　　) we can hear you?

答えは Day 45でチェック！

□ Introduction　品詞の働き

品詞の種類とその働き　*用法の種類は厳密なものでなく、熟語の意味の違いで異なることもあります

前置詞
時・場所
▶ Day 36

　働き：数語で1つの前置詞の働きをし、at、in、onのように❶時・❷場所を表す

前置詞
理由・目的
▶ Day 37

　働き：数語で1つの前置詞の働きをし、forのように❶理由・❷目的を表す

前置詞
関連・関係
▶ Day 37

　働き：数語で1つの前置詞の働きをし、of、forのように❶関連・❷関係を表す

前置詞
追加・除外
▶ Day 38

　働き：数語で1つの前置詞の働きをし、with、exceptのように❶追加・❷除外を表す

前置詞
一致・対応
▶ Day 38

　働き：数語で1つの前置詞の働きをし、to、withのように❶一致・❷対応を表す

前置詞
その他
▶ Day 39

　働き：数語で1つの前置詞の働きをし、上記以外の意味を表す

副詞
時
▶ Day 40、41、42

　働き：数語で1つの副詞の働きをし、主に動詞を修飾する　➕時を表す副詞は、文末に置かれることが多い

副詞／形容詞
場所
▶ Day 43

　働き：数語で1つの副詞の働きをし、主に動詞を修飾する。または形容詞として補語になったり、名詞を後ろから修飾する　➕場所を表す副詞は、自動詞の場合はその直後、他動詞の場合は目的語の直後に置かれることが多い

副詞
列挙・要約
▶ Day 44

　働き：数語で1つの副詞の働きをし、❶列挙・❷要約を表す　➕列挙・要約を表す副詞は、文頭に置かれたり、挿入句として用いられることが多い

助動詞
▶ Day 45

　働き：数語で1つの助動詞の働きをする

接続詞
▶ Day 45

　働き：数語で1つの接続詞の働きをする

各Dayの学習に入る前に、数語で1つの品詞の働きをする熟語の種類と、その用法を押さえておこう。ここでは、それぞれの熟語を1つの「固まり」として覚えることが大切。「固まり」がスラスラ言えるくらいに暗記しよう！

熟語の例　＊カッコ内の数字は見出し番号を表します

❶ up to A：A（ある時点・地点など）に至るまで（561）
❷ close to A：Aの近くに（564）

❶ due to A：Aの原因で（577）
❷ for the purpose of A：Aの目的で（580）

❶ as to [for] A：Aに関しては [の]（586）
❷ regardless of A：Aに関係なく（588）

❶ as well as A：Aだけでなく（593）
❷ other than A：A以外に（595）

❶ in accordance with A：Aに従って（602）
❷ in response to A：Aに答えて（603）

instead of A：Aの代わりに（609）
in favor of A：Aに賛成して（613）
in charge of A：Aを担当して（614）

at the time：その当時（625）
in the past：過去に（626）

in the way：邪魔 [妨害] になって（673）
in public：人前で（675）

❶ first of all：まず第一に（693）
❷ that is (to say)：すなわち（697）

be to do：（予定を表して）〜することになっている（705）
used to do：（以前は）よく〜したものだ（706）

so that 〜：〜するために（713）
every time 〜：〜する時はいつも [必ず]（714）

Check 1　　Chants 🎧 106

□ 561
up to A

❶A（ある時点・地点など）**に至るまで**、まで
❷Aの義務［責任］で；A（人）次第で
❸A（通例よくないこと）をしようとして、もくろんで

□ 562
prior to A

Aより前に、Aに先立って　●beforeよりフォーマルな表現

□ 563
as of A

A（日時）から（≒as from A）；A現在で（の）、Aの時点で

□ 564
close to A

❶**Aの近くに**（≒near）；（空間的・時間的に）Aに近い、接近した
❷Aと親密な
❸（程度が）Aに近い、Aと類似した

□ 565
all over A

Aの至る所で、Aのそこいらじゅうに

□ 566
next to A

❶（場所・位置が）**Aの隣に**［の］、Aのすぐそばに［の］、Aに一番近い　●「間に何も置かずに」というニュアンス
❷（順序・程度が）Aの次の［に］
❸（否定的な意味の語の前で）ほとんどA（≒almost）

□ 567
in front of A
●front＝前方、前面

Aの前で［に］、Aの正面で［に］、Aの面前で［に］（⇔at the back of A、behind）

□ 568
ahead of A

❶（位置的に）**Aの前を**［に、へ］
❷（時間的に）Aより先［前］に
❸Aより勝って

continued
▼

今日からDay 39までの4日間では、数語で1つの前置詞の働きをする熟語をチェック。まずは「時・場所」を表す熟語を押さえよう。

□ 聞くだけモード　Check 1
□ しっかりモード　Check 1 ▶ 2
□ かんぺきモード　Check 1 ▶ 2 ▶ 3

Check 2　Phrases 🎧 107

□ up to **now**（今まで、これまで）
□ **carry** up to **10 people**（[乗り物などが] 10人まで収容できる）

□ prior to **the meeting**（会議の前に）

□ as of **today**（今日から；今日現在で）

□ close to **the school**（学校の近くに）
□ close to **midnight**（真夜中近くに）

□ all over **the world**（世界中で[に]）

□ **sit** next to **her**（彼女の隣に座る）
□ next to **impossible**（ほとんど不可能な）

□ in front of **the museum**（美術館の前で）

□ **walk** ahead of **him**（彼の前を歩く）
□ ahead of **schedule**（予定より早く）

Check 3　Sentences 🎧 108

□ **The store is open** up to **midnight.**（その店は夜の12時まで営業している）

□ **All tickets were sold out** prior to **the performance date.**（すべてのチケットは上演日より前に売り切れた）

□ **The law will come into effect** as of **April 1.**（その法律は4月1日に発効する予定だ）

□ **My office is very** close to **my house.**（私の職場は自宅からとても近くにある）

□ **He wants to travel** all over **the U.S.**（彼は米国中を旅したいと思っている）

□ Next to **skiing, she likes surfing.**（スキーの次に彼女はサーフィンが好きだ）

□ **There were a lot of tourists** in front of **the White House.**（ホワイトハウスの前に多くの観光客がいた）

□ **There were five people** ahead of **me at the clinic.**（診療所には私の前に5人が待っていた）

continued
▼

Check 1　　Chants 🎧 106

□ 569
in the middle of A
➕middle =（行為の）最中
㉠Aの中央 [中ごろ] に

Aの最中に

□ 570
in case of A
➕case =場合

❶A（事故など）**の場合は**、Aが起こったら　➕in case ~は「（接続詞的に）~の場合に備えて」
❷A（事故など）に備えて、Aの用心に

□ 571
in [during] the course of A
➕course =（時の）経過

Aの間 [うち] **に**（≒during）

□ 572
by way of A
➕way =進路；方法

❶A経由で、Aを通って（≒via）
❷Aの手段として、Aのつもりで

□ 573
at the age of A
➕age =年齢

A歳の時に

□ 574
across from A

Aの向こう側に、向かいに、正面に（≒opposite）

□ 575
on the occasion of A
➕occasion =時、場合

Aの時 [際、機会] **に**　➕on occasion は「時々、時折」

□ 576
at the back of A
➕back =後部

❶Aの後ろに [で]（≒behind　⇔in front of A）　➕（口語では）(in) back of A を使うことも多い
❷A（事）の背後に
❸Aを支持 [後援] して

Day 35 🎧 103
Quick Review
答えは右ページ下

□ Aに気づいている	□ Aに頼っていない	□ Aをよく知っている	□ Aと知り合いである
□ Aに値する	□ Aに不足している	□ Aに満足している	□ Aでいっぱいである
□ Aを恐れている	□ Aから成り立っている	□ Aに満足している	□ Aに直面している
□ Aを自覚している	□ Aを確信している	□ Aに人気がある	□ Aで忙しい

☐ in the middle of **dinner**（夕食の最中に）

☐ **When I called him, he was** in the middle of **a meeting.**（私が電話をした時、彼は会議の最中だった）

☐ in case of **emergency**（緊急の場合は）
☐ in case of **an accident**（事故に備えて）

☐ In case of **fire, activate the fire alarm.**（火事の場合は、火災警報器を作動させてください）

☐ in the course of **a year**（1年のうちに）

☐ **She wrote 18 novels** in the course of **her life.**（彼女は生涯の間に18冊の小説を書いた）

☐ by way of **Japan**（日本を経由して）
☐ by way of **explanation**（説明のつもりで、説明として）

☐ **He flew to Brazil** by way of **Los Angeles.**（彼はロサンゼルスを経由してブラジルに飛行機で行った）

☐ at the age of **10**（10歳の時に）

☐ **She started playing the piano** at the age of **3.**（彼女は3歳の時にピアノを始めた）

☐ across from **the bank**（銀行の向かいに）

☐ **She was sitting** across from **me.**（彼女は私の正面に座っていた）

☐ on the occasion of **his daughter's wedding**（彼の娘の結婚式の際に）

☐ On the occasion of **their 30th wedding anniversary, he presented his wife with a ring.**（結婚30周年に際して、彼は妻に指輪を贈った）

☐ at the back of **the house**（家の後ろに）

☐ **There is a swimming pool** at the back of **the hotel.**（そのホテルの裏手にはプールがある）

Day 35 🎧 103
Quick Review
答えは左ページ下

☐ be aware of A
☐ be worthy of A
☐ be afraid of A
☐ be conscious of A

☐ be independent of A
☐ be short of A
☐ be made up of A
☐ be sure of A

☐ be familiar with A
☐ be satisfied with A
☐ be content with A
☐ be popular with A

☐ be acquainted with A
☐ be filled with A
☐ be faced with A
☐ be busy with A

Check 1　Chants 🎧 109

□ 577
due to A

Aの**原因で**、Aのためで；Aのために（≒ because of A、by [in] virtue of A、owing to A、on account of A）

□ 578
because of A

Aの**理由で**、Aのために、Aが原因で（≒ due to A、by [in] virtue of A、owing to A、on account of A）

□ 579
thanks to A

Aの**おかげで**　➕皮肉的に用いることもある

□ 580
for the purpose of A
➕purpose ＝ 目的

Aの**目的で**、Aのために　➕Aには動名詞が来ることが多い

□ 581
for the benefit
　　　　　[sake, good] of A
＝ for A's benefit [sake, good]

Aの（利益の）**ために**

➕benefit、sake、good ＝ 利益、ため

□ 582
by [in] **virtue of** A
➕virtue ＝（ある結果を生み出す）力、効力

Aの**理由で**、Aのおかげで（≒ because of A、due to A、owing to A、on account of A）；Aを使って（≒ by means of A）；Aの結果として（≒ as a result of A）

□ 583
owing to A

Aの**せいで**、Aのために（≒ due to A、because of A、by [in] virtue of A、on account of A）

□ 584
on account of A
➕account ＝ 理由；利益

❶Aの**理由で**、Aのせいで（≒ due to A、because of A、by [in] virtue of A、owing to A）　➕「問題や困難のせいで」というニュアンス
❷Aの（利益の）ために

continued
▼

数語で1つの品詞の働きをする熟語は、必ず「固まり」で頭に入れよう。due to A なら、due to で1語といった具合で覚えることが大切。

□ 聞くだけモード　Check 1
□ しっかりモード　Check 1 ▶ 2
□ かんぺきモード　Check 1 ▶ 2 ▶ 3

Check 2　Phrases 🎧 110

□ due to (an) illness（病気のため）
□ due to a traffic jam（渋滞のため）

□ because of (an) injury（けがのため）

□ thanks to his help（彼の助けのおかげで）

□ for the purpose of improving A's skills（技術を向上させる目的で）

□ for the benefit of the public（一般の人々のために）
□ for her benefit（彼女のために）

□ by virtue of wealth（財産のおかげで）

□ owing to lack of water（水不足のため）

□ on account of snow（雪のせいで）

Check 3　Sentences 🎧 111

□ **The game was suspended** due to rain.（その試合は雨のため中断された）

□ **She didn't go to school yesterday** because of a cold.（彼女は昨日、風邪で学校に行かなかった）

□ **The project was a success** thanks to everyone's hard work.（全員の尽力のおかげでそのプロジェクトは成功した）

□ **He went to Australia** for the purpose of **studying anthropology.**（彼は人類学を学ぶためにオーストラリアへ行った）

□ **She interpreted the speech** for my benefit.（彼女は私のためにその演説を通訳してくれた）

□ **Everyone is entitled to enjoy his or her human rights simply** by virtue of **being human.**（すべての人は、人であるという理由だけで人権を享受する権利がある）

□ **The big tree has fallen** owing to the storm.（嵐のせいで、その大木は倒れてしまった）

□ **Baseball games are often canceled** on account of rain.（野球の試合は雨のためしばしば中止になる）

continued
▼

Check 1　　Chants 🎧 109

□ 585 **for** [with] **all** A	**Aにもかかわらず**　➕in spite of A、despiteよりくだけた表現
□ 586 **as to** [for] A	**Aに関しては** [の]、Aについては、Aについて言えば（≒about、concerning）　➕with [in] regard [respect] to A、as regards Aより一般的な表現
□ 587 **with** [in] **regard** [respect] **to** A = as regards A	**Aに関して** (は)、Aについて (は)、Aについて言えば（≒about、concerning）　➕as to [for] Aよりフォーマルな表現。新しい話題の導入に用いることが多い ➕regard、respect＝配慮、考慮
□ 588 **regardless of** A	**Aに関係なく**、Aに構わず（≒irrespective of A）
□ 589 **in connection with** A ➕connection＝関係；接続	❶**Aに関連して** ❷（交通機関が）Aと接続 [連絡] して
□ 590 **in** [with] **relation to** A ➕relation＝関係	❶**Aに関して**、Aについて、Aに関係して ❷Aと比較して
□ 591 **in spite of** A	**Aにもかかわらず**（≒despite）　➕for [with] all Aよりフォーマルな表現；Aを無視して
□ 592 **irrespective of** A	**Aに関係** [かかわり] **なく**、Aに構わず、Aを無視して（≒regardless of A）

Check 2　Phrases 🎧 110

☐ for all that（それにもかかわらず）

☐ information as to what happened（何が起こったかに関する情報）

☐ with regard to that matter（その問題に関しては）

☐ regardless of race or religion（人種や宗教に関係なく）

☐ a report in connection with the accident（その事故に関連した報告書）

☐ in relation to global warming（地球温暖化に関して）
☐ in relation to other countries（ほかの国々と比べて）

☐ in spite of the difficulties（苦境にもかかわらず）

☐ irrespective of nationality（国籍に関係なく）

Check 3　Sentences 🎧 111

☐ For all his faults, I like him.（欠点はあるけれど、私は彼のことが好きだ）

☐ I have to make a decision as to which college I should apply to.（どの大学に出願すべきかについて私は決断しなければならない）

☐ She asked several questions with regard to the plan.（彼女はその計画についていくつか質問をした）

☐ Anyone can join the club regardless of age or sex.（年齢や性別に関係なく、誰でもそのクラブに入ることができる）

☐ The police questioned many people in connection with the murder.（警察はその殺人事件に関連して多くの人たちを尋問した）

☐ He wrote a report about the effects of global warming in relation to farming.（彼は農業に関係する地球温暖化の影響についてのリポートを書いた）

☐ She failed the entrance examination in spite of her efforts.（努力したにもかかわらず、彼女はその入試に落ちた）

☐ The event will take place irrespective of weather conditions.（そのイベントは気象状況に関係なく行われる予定だ）

Day 36 🎧 106
Quick Review
答えは左ページ下

☐ up to A　☐ all over A　☐ in the middle of A　☐ at the age of A
☐ prior to A　☐ next to A　☐ in case of A　☐ across from A
☐ as of A　☐ in front of A　☐ in the course of A　☐ on the occasion of A
☐ close to A　☐ ahead of A　☐ by way of A　☐ at the back of A

Check 1　Chants 🎧 112

□ 593
as well as A
❶**Aだけでなく**、Aのみならず、Aはもちろん
❷Aに加えて（≒ in addition to A、along with A、apart from A、besides）

□ 594
along with A
Aと一緒に；Aと協力して；Aに加えて（≒ as well as A、in addition to A、apart from A、besides）

□ 595
other than A
A以外に [の]（≒ except）

□ 596
together with A
Aとともに、一緒に；Aに加えて、Aのほかに　❶ with を強めた表現

□ 597
except for A
❶**Aを除いて**、A以外は、Aを別にすれば（≒ apart [aside] from A、except）
❷Aがなければ [なかったら]（≒ but for A、if it were not for A、if it had not been for A、without）

□ 598
apart [aside] **from** A
⊛Aから離れて
❶**Aは別として**、Aはさておき（≒ except for A、except）
❷Aに加えて、Aのほかに（≒ as well as A、in addition to A、along with A、besides）

□ 599
but for A
❶**Aがなければ** [なかったら]（≒ if it were not for A、if it had not been for A、except for A、without）
❷Aを除いて、Aを別にすれば（≒ except for A、apart [aside] from A、except）

□ 600
on top of A
⊛Aの上に
❶**Aに加えて**、Aの上にさらに　❶「悪いことに加えてさらに」というニュアンス
❷Aに追い迫って、Aのすぐ後 [そば] に
❸Aを完全に支配して

continued
▼

188 ▶ 189

「一致・対応」の熟語のいくつかには難しい単語が登場。まずは、その意味を⊕マークで押さえてから、「固まり」で覚えよう。

□ 聞くだけモード　Check 1
□ しっかりモード　Check 1 ▸ 2
□ かんぺきモード　Check 1 ▸ 2 ▸ 3

CHAPTER 1

CHAPTER 2

CHAPTER 3

CHAPTER 4

CHAPTER 5

Check 2　Phrases 🎧 113

□ as well as **being a musician**
（ミュージシャンであるだけでなく）

□ **go** along with **him**（彼と一緒に行く）

□ **someone** other than **him**（彼以外の誰か）

【Pop Quiz!】
due to A と同じ意味の熟語は？
▸ 答えは見出し番号577でチェック！

□ except for **him**（彼以外は）

□ apart from **joking**（冗談はさておき）

【Pop Quiz!】
as to [for] A を1語で言い換えると？
▸ 答えは見出し番号586でチェック！

□ on top of **that**（それに加えて、その上に）

Check 3　Sentences 🎧 114

□ **He can speak French** as well as **English.**（彼は英語だけでなくフランス語も話せる）

□ **I sent a cover letter** along with **my resume.**（私は履歴書と一緒に添え状を送った）

□ Other than **one younger brother, he had no close relatives.**（弟が1人いる以外に、彼には近親者がいなかった）

□ **I sent her a present** together with **a birthday card.**（私はバースデーカードと一緒にプレゼントを彼女に贈った）

□ **Everyone came to the party** except for **Mary.**（メアリー以外は全員そのパーティーに来た）

□ Apart from **some spelling mistakes, his essay was fine.**（いくつかのスペルミスを別にすれば、彼の小論文は素晴らしかった）

□ But for **his help, I couldn't have finished my assignment.**（彼の助けがなかったら、私は宿題を終わらせることができなかっただろう）

□ On top of **losing his job, he's lost the respect of his friends.**（失業したことに加え、彼は友人たちからの信望を失ってしまった）

continued
▼

Check 1　　Chants 🎧 112

□ 601
according to A
▶
❶**A（の言うところ）によれば**
❷Aに従って［応じて］（≒ in accordance with A）
▶

□ 602
in accordance
　　　　　with A
➕accordance ＝一致、合致
▶
Aに従って、Aに一致して（≒ according to A）
▶

□ 603
in response to A
➕response ＝応答
▶
Aに答えて、応じて
▶

□ 604
in comparison to
　　　　　[with] A
= compared to [with] A
▶
Aと比べると、比較すれば

➕comparison ＝比較
▶

□ 605
contrary to A
▶
（性質・性格などが）**Aと正反対の**：Aに反して、逆らって
▶

□ 606
in contrast to [with] A
➕contrast ＝対照、対比
▶
Aと対照的に、Aと比べて
▶

□ 607
in proportion to
　　　　　[with] A
➕proportion ＝割合、比率
▶
❶**Aに比例して**
❷Aの割には
▶

□ 608
in harmony with A
➕harmony ＝調和
▶
❶**Aと協調して**、Aと仲よく
❷Aと調和して
▶

Day 37 🎧 109
Quick Review
答えは右ページ下

□ Aの原因で	□ Aのために	□ Aにもかかわらず	□ Aに関連して
□ Aの理由で	□ Aの理由で	□ Aに関しては	□ Aに関して
□ Aのおかげで	□ Aのせいで	□ Aに関して	□ Aにもかかわらず
□ Aの目的で	□ Aの理由で	□ Aに関係なく	□ Aに関係なく

Check 2　Phrases 🎧 113

□ according to **him**（彼 [の言うところ] によれば）

□ in accordance with **law**（法律に従って）
□ in accordance with **his wishes**（彼の望み通りに）

□ in response to **a question**（質問に答えて）
□ in response to **a demand**（要求に応じて）

□ in comparison to **the past**（過去と比べると）

□ contrary to **expectation**（予想に反して）
□ contrary to **popular opinion**（一般的な意見と異なり）

□ in contrast to **last year**（昨年とは対照的に）

□ in proportion to **income**（収入に比例して）

□ work **in harmony with A's colleagues**（同僚と協調して働く）
□ live **in harmony with nature**（自然と調和して生活する）

Check 3　Sentences 🎧 114

□ According to **a recent poll, the cabinet's approval rating dropped to 42 percent.**（最近の世論調査によれば、内閣支持率は42パーセントに落ちた）

□ Students have a responsibility to act in accordance with **school rules.**（生徒は校則に従って行動する義務がある）

□ He sent his resume to the company in response to **a classified ad.**（彼は求人広告を見て、その会社に履歴書を送った）

□ In comparison to **last year, the weather this summer was cooler.**（昨年の夏と比べると、今年の夏は涼しかった）

□ Contrary to **popular belief, gorillas are gentle, quiet animals.**（一般に考えられていることとは逆に、ゴリラは優しく静かな動物である）

□ This year's record rains are in contrast to **last year's dryness.**（今年の記録的な雨は、昨年の日照り続きと対照的だ）

□ Kerosene prices have been rising in proportion to **the price of crude oil.**（原油価格に比例して、灯油の値段が上がり続けている）

□ He lives in harmony with **his neighbors.**（彼は隣人たちと仲よく暮らしている）

Check 1　　Chants 🎧 115

□ 609
instead of A

Aの代わりに（≒ in place of A）；Aしないで、Aでなく

▸

□ 610
in place of A
= in A's place

➕place＝場所

Aの代わりに（≒ instead of A）

□ 611
on [in] behalf of A
= on [in] A's behalf

➕behalf＝味方；利益

❶**Aを代表して**、Aに代わって（≒ instead of A、in place of A）
❷Aのために（≒ because of A）

□ 612
in terms of A

➕term＝言葉遣い、言い方

❶**Aの点から**、Aに関して
❷A（に特有）の言葉［表現］で

□ 613
in favor of A
= in A's favor

➕favor＝好意；支持

❶**Aに賛成して**、味方して
❷Aに有利［利益］になるように［な］

□ 614
in charge of A

➕charge＝管理；責任

Aを担当して、Aを管理して

□ 615
by means of A

➕means＝手段、方法

A（の手段）によって、Aを使って（≒ by [in] virtue of A）

□ 616
in search of A

➕search＝捜索、追求

Aを探して、求めて

continued
▼

ここでも熟語中の単語の意味を❶マークで確認することが重要。あとは小まめに復習して、熟語を確実に定着させよう。

□ 聞くだけモード　Check 1
□ しっかりモード　Check 1 ▶ 2
□ かんぺきモード　Check 1 ▶ 2 ▶ 3

CHAPTER 1
CHAPTER 2
CHAPTER 3
CHAPTER 4
CHAPTER 5

Check 2　Phrases 🎧 116

□ **go** instead of **him**（彼の代わりに行く）

【Pop Quiz!】
other than Aを1語で言い換えると？
▶ 答えは見出し番号595でチェック！

□ on behalf of **the company**（会社を代表して）

□ in terms of **the economy**（経済の点から）

□ **be** in favor of **the proposal**（その提案に賛成である）

□ **be** in charge of **marketing**（マーケティングを担当している）

□ by means of **threat and violence**（脅しと暴力によって）
□ by means of **a computer**（コンピューターを使って）

□ in search of **gold**（金を探して）
□ in search of **work**（仕事を求めて）

Check 3　Sentences 🎧 117

□ **We had dinner at home** instead of **eating out.**（私たちは外食しないで家で夕食をとった）

□ **I attended the meeting** in place of **my boss.**（私は上司の代わりにその会議に出席した）

□ **The union sued the company** on behalf of **the workers who had been fired.**（その労働組合は、解雇された従業員たちを代表して会社を訴えた）

□ **In** terms of **population, Japan now ranks 12th in the world.**（人口に関しては、日本は現在世界で12位である）

□ **He spoke** in favor of **the project.**（彼はそのプロジェクトに賛成の意見を述べた）

□ **Ms. Suzuki is** in charge of **this class.**（鈴木先生がこのクラスの担任である）

□ **In Japan, many people commute to work** by means of **public transportation.**（日本では、多くの人が公共交通機関を使って通勤している）

□ **He immigrated to the U.S.** in search of **freedom and a better life.**（彼は自由とよりよい生活を求めて米国に移住した）

continued
▼

Check 1　　Chants 🎧 115

□ 617
in the face of A
＋face＝正面
元Aの前で

❶**A（問題・危険など）に直面して**
❷Aにもかかわらず、Aをものともせず

□ 618
in need [want] of A
＋need、want＝必要

Aを必要として

□ 619
in honor of A
＝ in A's honor
＋honor＝敬意、尊敬

Aに敬意を表して、Aを祝 [記念] して

□ 620
for lack [want] of A
＋lack、want＝不足；欠乏

Aが足りないため、不十分なため；Aがないため　**＋**for want of Aのほうがフォーマルな表現

□ 621
for fear of A
＋fear＝心配、懸念

Aを恐れて、Aしないように

□ 622
at the expense [cost] of A
＋expense、cost＝犠牲；費用

❶**Aを犠牲にして**；Aという犠牲を払って
❷Aの費用 [負担] で

□ 623
at the mercy of A
＝ at A's mercy
＋mercy＝寛容、慈悲

Aのなすがままに（なって）、Aに左右されて　**＋**「自分の身を守るために何もできない」というニュアンス

□ 624
at the sight of A
＋sight＝見ること

Aを見て

Day 38 🎧 112
Quick Review
答えは右ページ下

□ Aだけでなく
□ Aと一緒に
□ A以外に
□ Aとともに

□ Aを除いて
□ Aは別として
□ Aがなければ
□ Aに加えて

□ Aによれば
□ Aに従って
□ Aに答えて
□ Aと比べると

□ Aと正反対の
□ Aと対照的に
□ Aに比例して
□ Aと協調して

Check 2　Phrases 🎧 116

☐ in the face of **difficulties** (難局に直面して)

☐ **be** in need of **help [money]** (助け [お金] を必要としている)

☐ in honor of **the late Queen Elizabeth II** (故エリザベス女王に敬意を表して)

☐ for lack of **funds** (資金不足のため)
☐ for lack of **evidence** (証拠不十分のため)

☐ for fear of **failure** (失敗を恐れて)
☐ for fear of **being misunderstood** (誤解されるのを恐れて)

☐ at the expense of **safety** (安全を犠牲にして)
☐ at the expense of **the company** (会社の費用で)

☐ at the mercy of **fate** (運命にほんろうされて)

☐ **scream** at the sight of **a cockroach** (ゴキブリを見て悲鳴を上げる)

Check 3　Sentences 🎧 117

☐ **He remained cool** in the face of **danger.** (危険に直面しても、彼は冷静さを失わなかった)

☐ **The building is** in need of **repair.** (そのビルは修復が必要だ)

☐ **They held a rally** in honor of **Martin Luther King Jr.** (彼らはキング師を記念して集会を開いた)

☐ **She couldn't find a job, but it wasn't** for lack of **trying.** (彼女は仕事を見つけられなかったが、それは努力が足りないためではなかった)

☐ **The criminal left Japan** for fear of **being arrested.** (その犯罪者は逮捕されるのを恐れて日本を出国した)

☐ **He continued to work overtime** at the expense of **his health.** (彼は健康を犠牲にしてまでも残業を続けた)

☐ **The boat was** at the mercy of **the wind.** (そのボートは風にほんろうされていた)

☐ **She fainted** at the sight of **blood.** (血を見て、彼女は気を失った)

Day 38 🎧 112
Quick Review
答えは左ページ下

☐ as well as A
☐ along with A
☐ other than A
☐ together with A

☐ except for A
☐ apart from A
☐ but for A
☐ on top of A

☐ according to A
☐ in accordance with A
☐ in response to A
☐ in comparison to A

☐ contrary to A
☐ in contrast to A
☐ in proportion to A
☐ in harmony with A

Check 1　Chants 🎧 118

□ 625
at the [that] time

その当時、その時は（≒ in those days）

□ 626
in the past
➕past＝過去

❶（過去形とともに用いて）**過去に**、昔は　➕「現在は」
は at (the) present、「将来は」は in the future
❷（現在完了形とともに用いて）従来、これまで

□ 627
at the same time

❶**同時に**（≒ at once、at one time）
❷（文または節の始めで）にもかかわらず、でもやはり

□ 628
in the future
➕future＝未来、将来

将来 [未来] に [は]　➕「現在は」は at (the) present、
「過去に」は in the past

□ 629
so far

❶**今までのところ**、これまでは
❷この点 [程度、時、場所] まで

□ 630
right now

❶**ちょうど今**、今のところ
❷すぐに、直ちに（≒ immediately、right away）　➕at
once よりくだけた表現

□ 631
for the first time

初めて

□ 632
in advance
➕advance＝前進；進行

❶**前もって**、あらかじめ（≒ beforehand）
❷（A より）先立って、進んで（of A）
❸前金で

---

continued
▼

今日からDay 44までは、数語で1つの副詞（または形容詞）の働きをする熟語をチェック。まずは、「時」を表す熟語を身につけよう。

□ 聞くだけモード　Check 1
□ しっかりモード　Check 1 ▶ 2
□ かんぺきモード　Check 1 ▶ 2 ▶ 3

Check 2　Phrases 🎧 119

【Pop Quiz!】
except for Aと同じ意味の熟語は？
▶ 答えは見出し番号597でチェック！

□ **It's all** in the past. （それはすべて終わったことだ）

□ **occur** at the same time （同時に起こる）

□ in the **near** future （近い将来に、近いうちに）

□ so far **so good** （今までのところはうまくいっている）

□ **be busy** right now （今は忙しい）
□ **go** right now （すぐに行く）

□ **eat sushi** for the first time （初めてすしを食べる）

□ **payment** in advance （前払い）
□ **two days [weeks, months]** in advance （2日 [2週間、2カ月] 前に）

Check 3　Sentences 🎧 120

□ At the time, **Britain was the most powerful country in the world.** （その当時、英国は世界で最も強大な国だった）

□ In the past, **women didn't have the same rights as men.** （昔は、女性は男性と同じ権利を持っていなかった）

□ I can't do two things at the same time. （私は同時に2つのことはできない）

□ I want to study abroad in the future. （私は将来、留学したいと思っている）

□ So far, everything is going very well. （今までのところは、すべてがとてもうまくいっている）

□ He's on another line right now. （彼は今、ほかの電話に出ている）

□ For the first time in my life, I went to see the opera. （人生で初めて、私はオペラを見に行った）

□ She reserved a hotel room in advance. （彼女はあらかじめホテルの部屋を予約した）

continued
▼

□ 633
in time

❶(Aに) **間に合って**、遅れずに (for A)　❸on timeは「時間通りに」
▶
❷そのうち、早晩 (≒in due course [time])

□ 634
one day

❶(過去の) **ある日**
❷(未来の) いつか (≒someday)

□ 635
at a time

一度に：続けざまに

□ 636
these days

近ごろ (では)、最近 (では)、このごろ (では) (≒of late、recently)　❸「以前は違ったが最近では」というニュアンス

□ 637
from time to time

時々、折々 (≒at times、now and then、on occasion、once in a while、occasionally)

□ 638
for a while
❸while = (少しの) 期間

しばらくの間

□ 639
at first
❸first = 初め

最初は、初めは (≒in the beginning　⇔in the end、at last、at length、finally)

□ 640
all the time

❶**いつでも**、絶えず
❷その間ずっと (≒all the while)

Day 39 🎧 115
Quick Review
答えは右ページ下

□ Aの代わりに	□ Aに賛成して	□ Aに直面して	□ Aを恐れて
□ Aの代わりに	□ Aを担当して	□ Aを必要として	□ Aを犠牲にして
□ Aを代表して	□ Aによって	□ Aに敬意を表して	□ Aのなすがままに
□ Aの点から	□ Aを探して	□ Aが足りないため	□ Aを見て

Check 2　Phrases 🎧 119

□ in time **for the train**（その列車に間に合って）

□ one day **last year**（去年のある日）
□ one day **in the future**（いつか将来）

□ **one [two]** at a time（一度に1つ[2つ]）

【Pop Quiz!】
in accordance with Aと同じ意味の熟語は？
▶ 答えは見出し番号602でチェック！

□ write her from time to time（時々彼女に手紙を書く）

【Pop Quiz!】
instead of Aと同じ意味の熟語は？
▶ 答えは見出し番号609でチェック！

【Pop Quiz!】
on [in] behalf of Aと同じ意味の熟語は？
▶ 答えは見出し番号611でチェック！

【Pop Quiz!】
by means of Aと同じ意味の熟語は？
▶ 答えは見出し番号615でチェック！

Check 3　Sentences 🎧 120

□ **She prepared the report** in time for the meeting.（彼女は会議に間に合うように報告書を準備した）

□ One day, **I happened to see him.**（ある日、私は偶然彼に出会った）

□ **I can only do one thing** at a time.（私は一度に1つのことしかできない）

□ These days, **it's hard to find a full-time job.**（最近では、フルタイムの仕事を見つけるのは難しい）

□ **I go to see my grandmother** from time to time.（私は時々、祖母に会いに行く）

□ **He will stay in Tokyo** for a while.（彼はしばらくの間、東京に滞在する予定だ）

□ At first **I was against him, but now I understand his point.**（最初は私は彼に反対だったが、今は彼の意図を理解している）

□ **He watches television** all the time.（彼はいつもテレビを見ている）

□ instead of A	□ in favor of A	□ in the face of A	□ for fear of A
□ in place of A	□ in charge of A	□ in need of A	□ at the expense of A
□ on behalf of A	□ by means of A	□ in honor of A	□ at the mercy of A
□ in terms of A	□ in search of A	□ for lack of A	□ at the sight of A

Check 1　　Chants 🎧 121

□ 641
for good

永久に、永遠に；これを最後に　➕「変化後の状態や中断がずっとそのままであり続ける」というニュアンス

□ 642
at once
➕once＝一度

❶**同時に**、一斉に（≒at the same time、at one time）
❷すぐに、直ちに（≒immediately）　➕right now [away] よりフォーマルな表現

□ 643
in the end
➕end＝終わり

ついに、結局、最後に（≒at last、at length、finally　⇔at first、in the beginning）

□ 644
at the moment
➕moment＝瞬間

❶（現在時制で）**今のところ**、ちょうど今（≒now）
❷（過去時制で）ちょうどその時

□ 645
at times

時々、折々、たまに（≒from time to time、now and then、on occasion、once in a while、occasionally）

□ 646
on time

時間通りに、定刻に（≒punctually）　➕in time は「間に合って、遅れずに」

□ 647
ever since

❶**それ以来ずっと**、その後ずっと
❷（接続詞的に）〜して以来ずっと

□ 648
at (the) present
➕present＝現在

現在 [今] は、目下（≒now）　➕「将来は」は in the future、「過去に」は in the past

continued
▼

前置詞と同じく、副詞も「固まり」で覚えよう。
そのためには、読むだけでなく、「声に出す＝音
読する」ことが必要不可欠！

☐ 聞くだけモード　Check 1
☐ しっかりモード　Check 1 ▶ 2
☐ かんぺきモード　Check 1 ▶ 2 ▶ 3

Check 2　Phrases 🎧 122

☐ **live in New York** for good（永久にニューヨークで暮らす）

☐ **talk** at once（一斉に話す）
☐ **start** at once（すぐに始める）

【Pop Quiz!】
at the [that] timeと同じ意味の熟語は？
▶ 答えは見出し番号625でチェック！

【Pop Quiz!】
at the same timeと同じ意味の熟語は？
▶ 答えは見出し番号627でチェック！

【Pop Quiz!】
in advanceを1語で言い換えると？
▶ 答えは見出し番号632でチェック！

☐ **arrive** on time（時間通りに到着する）

【Pop Quiz!】
these daysと同じ意味の熟語は？
▶ 答えは見出し番号636でチェック！

【Pop Quiz!】
these daysを1語で言い換えると？
▶ 答えは見出し番号636でチェック！

Check 3　Sentences 🎧 123

☐ **He left the country** for good.（彼はその国を永遠に去った）

☐ **Everything happened** at once.（すべてのことが同時に起こった）

☐ In the end, **he decided to go to the U.S.**（結局、彼は米国に行くことを決めた）

☐ At the moment, **she's living with her parents.**（現在、彼女は両親と一緒に住んでいる）

☐ At times, **he gets angry.**（時々、彼は怒ることがある）

☐ **If you don't leave right now, you won't get to school** on time.（今すぐ出かけないと、あなたは時間通りに学校に着かないだろう）

☐ **He moved to Osaka in 2000 and has lived there** ever since.（彼は2000年に大阪に引っ越して、それ以来ずっとそこに住んでいる）

☐ **There are about 1,000 students in our high school** at present.（現在、私たちの高校には約1000人の生徒がいる）

continued
▼

Check 1　　Chants 🎧 121

□ 649
as usual
➕usual＝いつもの

いつものように、例の通りに

□ 650
in the meantime
[meanwhile]
➕meantime、meanwhile＝合間

❶**その間に**、そうしているうちに（≒meantime、meanwhile）
❷（話変わって）一方（では）

□ 651
at (long) last
➕last＝終わり

ついに、やっと、最後に（≒in the end、at length、finally ⇔at first、in the beginning）　➕「長い間待って、いいことがついに起こる」というニュアンス

□ 652
the other day

先日、この間　➕「数日前」くらいのニュアンス

□ 653
later on

後で、追って

□ 654
on and off
＝off and on

断続的に：時々（⇔on and on）

□ 655
over and over (again)

何度も何度も、繰り返して（≒again and again、time after time）

□ 656
by now

今ごろはもう、今ごろまでには

Day 40 🎧 118
Quick Review
答えは右ページ下

□ その当時
□ 過去に
□ 同時に
□ 将来に

□ 今までのところ
□ ちょうど今
□ 初めて
□ 前もって

□ 間に合って
□ ある日
□ 一度に
□ 近ごろ

□ 時々
□ しばらくの間
□ 最初は
□ いつでも

Check 2   Phrases 🎧 122

□ **arrive late** as usual (いつものように遅れて到着する)

【Pop Quiz!】
from time to timeと同じ意味の熟語は?
▶ 答えは見出し番号637でチェック!

【Pop Quiz!】
from time to timeを1語で言い換えると?
▶ 答えは見出し番号637でチェック!

【Pop Quiz!】
at firstと同じ意味の熟語は?
▶ 答えは見出し番号639でチェック!

□ **call him** later on (後で彼に電話をする)

□ **rain** on and off ([itを主語にして]断続的に雨が降る)

□ **try** over and over (何度も何度も試してみる)

□ **be there** by now (今ごろはもうそこにいる[着いている])

Check 3   Sentences 🎧 123

□ As usual, **he was wearing jeans.**
(いつものように、彼はジーンズをはいていた)

□ I didn't see her for 10 years, and in the meantime, **she had gotten married.** (私は彼女に10年間会っていなかったが、その間に彼女は結婚していた)

□ At last, **he was able to enter Keio University.** (ついに、彼は慶応大学に入学することができた)

□ I saw him the other day, **and he didn't look well.** (私は先日彼に会ったが、彼は元気そうではなかった)

□ **She's coming** later on. (彼女は後で来る予定だ)

□ **The red caution light flashed** on and off. (その赤い警告灯は点滅していた)

□ **They sang the same song** over and over. (彼らは同じ歌を何度も何度も歌った)

□ **She should have been home** by now. (彼女は今ごろはもう帰宅しているはずだ)

☐ at the time	☐ so far	☐ in time	☐ from time to time
☐ in the past	☐ right now	☐ one day	☐ for a while
☐ at the same time	☐ for the first time	☐ at a time	☐ at first
☐ in the future	☐ in advance	☐ these days	☐ all the time

Check 1　Chants 🎧 124

□ 657
(every) now and then
[again]

時々、折々（≒ from time to time、at times、on occasion、once in a while、occasionally）

□ 658
for the moment
[present]

➕moment、present＝現在、今

差し当たり、当座は　➕「将来変わるかもしれないが、今しばらくは」というニュアンス。for a moment は「ちょっとの間」

□ 659
of late

➕late＝最近の、近ごろの

近ごろ、最近（≒ these days、recently）

□ 660
in the long run

➕run＝行程

長い目で見れば、結局は（⇔ in the short run）

□ 661
from now on

今後は、これからずっと

□ 662
for the time being

当分の間、差し当たり

□ 663
day by day
= from day to day

日ごとに、一日一日と

□ 664
on occasion

➕occasion＝時、場合

時々、時折（≒ from time to time、at times、now and then、once in a while、occasionally）　➕on the occasion of A は「A の時［際、機会］に」

continued
▼

類義熟語や対義熟語も覚えてる? 時間に余裕があるときに目を通しておこう。そうすれば、覚えた熟語の数が飛躍的に増えるはず。

□ 聞くだけモード　Check 1
□ しっかりモード　Check 1 ▶ 2
□ かんぺきモード　Check 1 ▶ 2 ▶ 3

CHAPTER
1

CHAPTER
2

CHAPTER
3

CHAPTER
4

CHAPTER
5

Check 2　Phrases 🎧 125

□ **see him** now and then **at school** (時々、学校で彼に会う)

【Pop Quiz!】
at onceと同じ意味の熟語は?
▶ 答えは見出し番号642でチェック!

【Pop Quiz!】
in the endを1語で言い換えると?
▶ 答えは見出し番号643でチェック!

【Pop Quiz!】
at the momentを1語で言い換えると?
▶ 答えは見出し番号644でチェック!

【Pop Quiz!】
at timesと同じ意味の熟語は?
▶ 答えは見出し番号645でチェック!

【Pop Quiz!】
on timeを1語で言い換えると?
▶ 答えは見出し番号646でチェック!

□ **get better** day by day (日ごとによくなる)

□ **visit him** on occasion (時々彼を訪れる)

Check 3　Sentences 🎧 126

□ **Everyone makes a mistake** now and then. (誰でも時々は失敗をする)

□ For the moment, **I'll stay in New York**. (差し当たり、私はニューヨークに滞在する予定だ)

□ **I haven't been feeling well** of late. (私は最近、体の調子がよくない)

□ **Everything will be all right** in the long run. (長い目で見れば、すべてはうまくいくだろう)

□ **You should study harder** from now on. (あなたは今後、もっと一生懸命に勉強したほうがいい)

□ **The doctor told him to refrain from physical activity** for the time being. (医者は、当分の間は運動を控えるよう彼に言った)

□ Day by day, **it's getting warmer.** (日ごとに暖かくなってきている)

□ **I like to go fishing** on occasion. (私は時々釣りに行くのが好きだ)

continued
▼

Check 1　　Chants 🎧 124

□ 665
on and on

長々と、引き続き、どんどん（⇔on and off）

□ 666
(every) **once in a while**

時々、時折（≒from time to time、at times、now and then、on occasion、occasionally）

□ 667
all at once
➕once＝一度

❶突然、出し抜けに（≒all of a sudden、suddenly）
❷同時に、一斉に

□ 668
at length
➕length＝（時間の）長さ

❶長々と、長時間にわたって（≒for a long time）；詳細に
❷ついに、ようやく（≒in the end、at last、finally）

□ 669
all of a sudden
➕sudden＝突然の

突然に、不意に、急に（≒all at once、suddenly）

□ 670
sooner or later

遅かれ早かれ、いつかは　➕「いつかは分からないが、必ず起こる」というニュアンス

□ 671
once upon a time

❶（物語やおとぎ話の出だしで）昔々、ある時
❷昔は　➕通例、今よりよかった昔について述べる際に用いる

□ 672
in no time (at all)
＝ in less than no time

すぐに、直ちに、あっという間に　➕「驚くほどすぐに」というニュアンス

Day 41 🎧 121
Quick Review
答えは右ページ下

□ 永久に
□ 同時に
□ ついに
□ 今のところ

□ 時々
□ 時間通りに
□ それ以来ずっと
□ 現在は

□ いつものように
□ その間に
□ ついに
□ 先日

□ 後で
□ 断続的に
□ 何度も何度も
□ 今ごろはもう

Check 2　Phrases 🎧 125

□ **chatter** on and on (長々とおしゃべりをする)

【Pop Quiz!】
at (the) present を1語で言い換えると?
▶ 答えは見出し番号648でチェック!

□ **burst into laughter** all at once (突然笑いだす)

□ **discuss the problem** at length (長々とその問題を議論する)

【Pop Quiz!】
in the meantime [meanwhile]
を1語で言い換えると?
▶ 答えは見出し番号650でチェック!

【Pop Quiz!】
at (long) last と同じ意味の熟語は?
▶ 答えは見出し番号651でチェック!

【Pop Quiz!】
over and over (again) と同じ意味の熟語は?
▶ 答えは見出し番号655でチェック!

□ **fall asleep** in no time (すぐに眠りに落ちる)

Check 3　Sentences 🎧 126

□ **It's been raining** on and on **for the past three days.** (この3日間、長々と雨が降り続いている)

□ **I see him** once in a while **at the office.** (私は時々、職場で彼に会う)

□ All at once, **I felt dizzy and fell down.** (突然、私は目まいがして倒れた)

□ **They talked on the phone** at length. (彼らは長電話をした)

□ All of a sudden, **the fire alarm went off.** (突然、火災警報器が鳴り出した)

□ **I'm sure he will succeed** sooner or later. (彼はいつかは成功するだろうと私は確信している)

□ Once upon a time, **there lived a girl called Cinderella.** (昔々、シンデレラという名前の少女がいました)

□ **He'll be there** in no time. (彼はすぐにそこに着くだろう)

Day 41 🎧 121 Quick Review 答えは左ページ下			
☐ for good	☐ at times	☐ as usual	☐ later on
☐ at once	☐ on time	☐ in the meantime	☐ on and off
☐ in the end	☐ ever since	☐ at last	☐ over and over
☐ at the moment	☐ at present	☐ the other day	☐ by now

Check 1　Chants 🎧 127

□ 673
in the [A's] way
➕way＝道

邪魔 [妨害] になって、道をふさいで（⇔out of the [A's] way）　➕on the [A's] way は「途中で」

□ 674
on the [A's] way
＝ along the way

❶途中で [に]　➕in the [A's] way は「邪魔になって」
❷進行中で、近づいて

□ 675
in public
➕public＝一般の人々

人前で、公然と（⇔in private）　➕「他人が見たり、聞いたりできる所で」というニュアンス

□ 676
in A's absence
＝ in the absence of A
➕absence＝不在；欠乏

❶A（人）のいない所で [ときに]（≒behind A's back ⇔in A's presence）；A（人）がいないので
❷A（物）がないので；A（物）がないときに

□ 677
in A's presence
＝ in the presence of A
➕presence＝存在

❶A（人）のいる所で [ときに]、面前で（⇔in A's absence、behind A's back）
❷Aに直面して

□ 678
on board
➕board＝板

❶船 [飛行機など] に乗って
❷（チーム・組織などの）一員で [に]

□ 679
side by side

❶(Aと)（横に）並んで、近接して（with A）
❷(Aと) 密接に関係して、協力して、共存共栄して（with A）

□ 680
at hand

❶(空間・時間的に) 近くに [の]
❷考慮中の

---

continued
▼

今日は「場所」を表す副詞と形容詞をチェック。「場所」の意味から派生して、比喩的に用いられる意味もできれば覚えておこう。

□ 聞くだけモード　Check 1
□ しっかりモード　Check 1 ▶ 2
□ かんべきモード　Check 1 ▶ 2 ▶ 3

Check 2　Phrases 🎧 128

□ **be [get] in the way**（邪魔になっている [なる]）

□ **on the way** home（帰宅途中で [に]）
□ **be on A's way to recovery**（回復に向かっている）

□ **kiss in public**（人前でキスをする）

□ **in his absence**（彼のいない所で [ときに]；彼がいないので）

□ **in her presence**（彼女のいる所で [ときに]）

□ **go on board**（乗船 [乗車] する）

□ **sit side by side**（並んで座る）
□ **work side by side**（協力して働く）

□ **be close at hand**（すぐ近くにある；すぐそこまで迫っている）
□ **the matter at hand**（当面の問題）

Check 3　Sentences 🎧 129

□ **Someone got in the way and he couldn't take the photograph.**（誰かが邪魔になって、彼は写真を撮れなかった）

□ **She stopped by a convenience store on her way to work.**（彼女は出勤途中にコンビニに立ち寄った）

□ **He's good at speaking in public.**（彼は人前で話すのが得意だ）

□ **You shouldn't speak ill of others in their absence.**（その人がいない所で悪口を言うべきではない）

□ **She is always silent in his presence.**（彼女は彼のいる所ではいつも無口だ）

□ **There are over 1,000 people on board.**（1000人以上の人々が乗船している）

□ **The couple were walking down the street side by side.**（その恋人たちは通りを並んで歩いていた）

□ **My parents keep a first-aid kit close at hand.**（私の両親は救急箱をすぐ近くに常備している）

continued
▼

Check 1   Chants 🎧 127

□ 681
back and forth
[forward] ▶

前後に、あちこちに

▶

□ 682
in [within] sight
➕sight＝視界
▶

❶(Aが) **見える所に** [の] (of A)、見えて (⇔out of sight)
❷近づいて
❸期待して

▶

□ 683
on the spot
➕spot＝場所、現場
▶

❶**その場で**、直ちに、即座に (≒immediately)
❷現場の [に、で]；その場所で

▶

□ 684
at a distance
➕distance＝距離
▶

少し離れて、ある距離を置いて

▶

□ 685
in the distance
➕distance＝遠距離
▶

遠方に (≒far away)

▶

□ 686
within reach
➕reach＝届く範囲
▶

❶(Aの) **手の届く所に** (of A) (⇔out of reach、beyond reach)
❷(Aから) 近いところに (of A)

▶

□ 687
out of sight
➕sight＝視界
▶

❶(Aの) **見えない所に** [の] (of A) (⇔in [within] sight)
❷(値段・基準などが) 法外の [に]；非常に高い

▶

□ 688
behind A's back
➕back＝背中
▶

A (人) のいない所で、Aに内緒で (≒in A's absence ⇔in A's presence)

▶

Day 42 🎧 124
Quick Review
答えは右ページ下

□ 時々	□ 今後は	□ 長々と	□ 突然に
□ 差し当たり	□ 当分の間	□ 時々	□ 遅かれ早かれ
□ 近ごろ	□ 日ごとに	□ 突然	□ 昔々
□ 長い目で見れば	□ 時々	□ 長々と	□ すぐに

Check 2　Phrases 🎧 128

□ **swing [rock]** back and forth
（前後に揺れる）
□ **walk** back and forth（行ったり
来たりする）

□ in sight of land（陸が見える所に）
□ **appear** in sight（見えてくる）

□ **make decisions** on the spot
（即決する）

□ **follow** at a distance（少し離れて
ついて行く）

□ **a ship** in the distance（遠くに見
える船）

□ **be** within reach（手の届く所にあ
る）

□ **go** out of sight（見えなくなる）

□ **talk about him** behind his
back（彼のいない所で彼の陰口を言う）

Check 3　Sentences 🎧 129

□ **The cradle was rocking** back and
forth.（その揺りかごは前後に揺れていた）

□ **The bus stop was** in sight, just
across the street.（バス停は見える所、通
りの向こう側にあった）

□ **She answered the tough question
confidently** on the spot.（彼女はその難し
い質問にその場で自信を持って答えた）

□ **Even** at a distance, **I could see he
was angry.**（少し離れた所からでも、私は彼
が怒っているのが分かった）

□ **I saw him approaching** in the dis-
tance.（私は彼が遠くから近づいてくるのを見
た）

□ **She always has her smartphone**
within reach.（彼女はいつもスマートフォン
を手の届く所に置いている）

□ **You should keep valuables in your
car** out of sight.（車の中の貴重品は見えない
所にしまっておいたほうがいい）

□ **I hate to say bad things about oth-
ers** behind their backs.（私は陰で人の悪
口を言うのが嫌いだ）

Day 42 🎧 124
Quick Review
答えは左ページ下

□ now and then
□ for th e moment
□ of late
□ in the long run

□ from now on
□ for the time being
□ day by day
□ on occasion

□ on and on
□ once in a while
□ all at once
□ at length

□ all of a sudden
□ sooner or later
□ once upon a time
□ in no time

Check 1　　Chants 🎧 130

□ 689
as follows
➕follow＝続く

次の通りで：次のように　➕時制や主語の数に関係なく
followsの形（3人称単数・現在形）で用いる

□ 690
on the other hand

他方では、これに対して、別の面から言えば（⇔on the
one hand）

□ 691
A **and so on** [forth]

Aなど（≒A and the like）　➕列挙した後に、同種のも
のがほかにあることを述べる際に使う。A and so forthのほ
うがフォーマルな表現

□ 692
by the way

ところで、ついでながら、話の途中だが　➕通例、新し
い話題への導入として用いる

□ 693
first of all

まず第一に、何よりもまず（≒in the first place、to
begin [start] with、first、firstly　⇔in the last place、last
of all、last、lastly）

□ 694
in the first place
➕place＝順序

❶**まず第一に**（≒first of all、to begin [start] with、first、
firstly　⇔in the last place、last of all、last、lastly）
❷**そもそも**

□ 695
to begin [start] **with**

まず第一に、最初に（≒first of all、in the first place、
first、firstly　⇔in the last place、last of all、last、lastly）

□ 696
for one thing

1つには、1つの理由として（は）　➕理由を挙げる際に
用い、for another (thing)（もう1つには）とセットで使わ
れることが多い

continued
▼

副詞の最後は「列挙・要約」をチェック! スピーチやエッセーで多用される表現が多いのが特徴。しっかりとマスターしておこう。

☐ 聞くだけモード　Check 1
☐ しっかりモード　Check 1 ▶ 2
☐ かんぺきモード　Check 1 ▶ 2 ▶ 3

Check 2　Phrases 🎧 131

☐ **The procedure is** as follows: 〜 (手順は以下の通りです。〜)

☐ **On the one hand** 〜. On the other hand ... (一方では〜。他方では…)

☐ books, magazines, dictionaries and so on (本、雑誌、辞書など)

【Pop Quiz!】
of late と同じ意味の熟語は?
▶ 答えは見出し番号659でチェック!

【Pop Quiz!】
in the long run と反対の意味の熟語は?
▶ 答えは見出し番号660でチェック!

☐ In the first place 〜, and in the second place ... (まず第一に〜、そして第二に…)

【Pop Quiz!】
all at once を1語で言い換えると?
▶ 答えは見出し番号667でチェック!

☐ For one thing, 〜, and for another thing, ... (1つには〜、そしてもう1つには…)

Check 3　Sentences 🎧 132

☐ **The award winners are** as follows: Mr. John Thompson and Ms. Jenny Lewis. (受賞者は以下の通りです。ジョン・トンプソンさんとジェニー・ルイスさんです)

☐ **On the one hand, the job is easy, but** on the other hand, it takes a lot of time to finish it. (一方でその仕事は簡単だが、他方では終わらせるのにとても時間がかかる)

☐ **We had a good time watching the movie, playing cards** and so on. (私たちは映画を見たり、トランプをしたりなどして楽しく過ごした)

☐ By the way, **how is your business going?** (ところで、仕事はいかがお進みですか?)

☐ First of all, **I'd like to introduce myself.** (まず最初に、自己紹介をしたいと思います)

☐ **You should never have said such a thing** in the first place. (そもそもあなたはそんなことを言うべきではなかった)

☐ To begin with, **let's look at the following example.** (まず最初に、次の例を見てみましょう)

☐ **I can't go to the party.** For one thing, **I have too much homework to do.** (そのパーティーには行けない。1つには、やらなくてはならない宿題がたくさんあるから)

continued
▼

Check 1　　Chants 🎧 130

□ 697
that is (to say)

すなわち、つまり、換言すれば、正確に言うと ➕「前言をより正確に言い換えると」というニュアンス。in other wordsは「前言を要約して言い換えると」というニュアンス

□ 698
after all

❶(意図・予想などに反して) **結局のところ**、どうあろうと ➕「最後に」という意味は含まれない
❷(前文への証拠・補足・説明などを示して) だって〜だから
❸(いろいろ言ってみたものの) やはり

□ 699
in other words
➕word ＝語；言葉

言い換えれば、すなわち ➕「前言を要約して言い換えると」というニュアンス。that is (to say)は「前言をより正確に言い換えると」というニュアンス

□ 700
in short [brief]
➕short, brief ＝簡潔

手短に言えば、要約すると(≒in a word、to be short [brief]) ➕for shortは「略して、短く言って」

□ 701
what we [they, you] **call** A

いわゆるA(≒what is called A) ➕挿入的には用いないので、コンマ(,)でくくったり、文末に単独で置くことはできない

□ 702
so to speak [say]

いわば、言ってみれば(≒as it were、in a manner of speaking) ➕通例、文中・文尾で挿入的に用いる

□ 703
what is called A

いわゆるA(≒what we [they, you] call A) ➕挿入的には用いないので、コンマ(,)でくくったり、文末に単独で置くことはできない

□ 704
as it were

いわば、言ってみれば(≒so to speak [say]、in a manner of speaking) ➕通例、文中・文尾で挿入的に用いる

□ 邪魔になって	□ Aのいる所で	□ 前後に	□ 遠方に
□ 途中で	□ 船に乗って	□ 見える所に	□ 手の届く所に
□ 人前で	□ 並んで	□ その場で	□ 見えない所に
□ Aのいない所で	□ 近くに	□ 少し離れて	□ Aのいない所で

Check 2 Phrases 🎧 131

☐ **last Friday, that is to say, July 28** (この前の金曜日、つまり7月28日)

【Pop Quiz!】
at lengthと同じ意味の熟語は?
▶答えは見出し番号668でチェック!

【Pop Quiz!】
in publicと反対の意味の熟語は?
▶答えは見出し番号675でチェック!

【Pop Quiz!】
in A's absenceと反対の意味の熟語は?
▶答えは見出し番号676でチェック!

【Pop Quiz!】
in [within] sightと反対の意味の熟語は?
▶答えは見出し番号682でチェック!

【Pop Quiz!】
on the spotを1語で言い換えると?
▶答えは見出し番号683でチェック!

【Pop Quiz!】
in the distanceと同じ意味の熟語は?
▶答えは見出し番号685でチェック!

【Pop Quiz!】
within reachと反対の意味の熟語は?
▶答えは見出し番号686でチェック!

Check 3 Sentences 🎧 132

☐ **The concert will be held next Saturday, that is to say, August 5.** (そのコンサートは次の土曜日、つまり8月5日に開催される)

☐ **After all, she went to the movie with him.** (結局、彼女は彼と映画に行った)

☐ **She's always talking about herself. In other words, she's egocentric.** (彼女はいつも自分のことばかり話している。言い換えれば、彼女は自己中心的だ)

☐ **In short, the movie was boring.** (手短に言えば、その映画はつまらなかった)

☐ **The boy is what we call a "wolf in sheep's clothing."** (その少年はいわゆる「羊の皮を着たオオカミ」だ)

☐ **He is, so to speak, the king of soccer.** (彼は、いわばサッカーの王様だ)

☐ **He is what is called a "house-husband."** (彼はいわゆる「主夫」だ)

☐ **He is, as it were, a walking dictionary.** (彼はいわば歩く辞書だ)

Day 43 🎧 127
Quick Review
答えは左ページ下

☐ in the way
☐ on the way
☐ in public
☐ in A's absence

☐ in A's presence
☐ on board
☐ side by side
☐ at hand

☐ back and forth
☐ in sight
☐ on the spot
☐ at a distance

☐ in the distance
☐ within reach
☐ out of sight
☐ behind A's back

Check 1   Chants 🎧 133

□ 705
be to do

► ❶（予定を表して）〜**することになっている**（≒be scheduled to do）
❷（義務を表して）〜すべきである
❸（可能を表して）〜できる
❹（運命を表して）〜する宿命［運命］にある ►

□ 706
used to do

► ❶（以前は）**よく〜したものだ** ➕過去の習慣を表す。be used to A（Aに慣れている）との違いに注意
❷（used to beで）（以前［かつて］は）〜だった ➕過去の状態を表す ►

□ 707
may [might] **well** do

► 〜**するのももっともだ** ➕might well doのほうが控えめなニュアンス

□ 708
ought to do

► ❶〜**すべきである**、〜するのが当然である ➕shouldよりは強く、must、have to doより弱いニュアンス。否定形はought not to do
❷〜のはずである ►

□ 709
may [might] **as well** do

► 〜**したほうがいい**：（…するくらいなら）〜するほうがましだ（as do）➕「したくはないが、ほかに選択肢がないのでそうする」というニュアンス。might as well doのほうが控えめなニュアンス ►

□ 710
had better do

► 〜**しなくてはいけない**、〜するのがよい、〜すべきだ、〜したほうがいい ➕should、ought to doよりも強く、must、have to doより弱いニュアンス。否定形はhad better not do

□ 711
would rather do

► （…するよりも）**むしろ〜したい**、〜するほうがよい（than do） ►

□ 712
be about to do

► （まさに）〜**しようとしている**、〜するところである ➕be going to doよりも目前に迫った未来について用いる ►

continued
▼

Chapter 4の最後は、数語で1つの助動詞・接続詞を表す熟語たち。前置詞・副詞と同様、ここでも「固まり」で覚えるようにしよう。

□ 聞くだけモード　Check 1
□ しっかりモード　Check 1 ▶ 2
□ かんぺきモード　Check 1 ▶ 2 ▶ 3

Check 2　Phrases 🎧 134

□ **be to see him tomorrow**（彼に明日会うことになっている）

□ **used to play golf**（以前はよくゴルフをしたものだ）

□ **may well get angry**（怒るのももっともだ）

□ **ought to see a doctor**（医者に診てもらうべきだ）

□ **may as well apply for the job**（その仕事に申し込んだほうがいい）

□ **had better call him right now**（すぐに彼に電話すべきだ）

□ **would rather stay at home than go out**（外出するよりも家にいたい）

□ **be about to leave**（出発するところである）
□ **be about to happen**（[事が] 今にも起きようとしている）

Check 3　Sentences 🎧 135

□ **What am I to tell him?**（私は彼に何と言うべきだろうか？）

□ **I used to go to the movies once a month.**（私は以前、月に1度は映画を見に行ったものだ）

□ **You may well think so.**（あなたがそう考えるのももっともだ）

□ **You ought to study harder.**（あなたはもっと一生懸命勉強すべきだ）

□ **You may as well forget about it.**（そのことは忘れたほうがいい）

□ **You had better be home by 9 p.m.**（午後9時までには家に帰ってきなさい）

□ **I would rather die than apologize to him!**（彼に謝るくらいなら死んだほうがましだ！）

□ **I was about to go out when he called me.**（彼が電話をかけてきた時、私はちょうど出かけようとしていた）

continued ▼

Check 1   Chants 🎧 133

□ 713
so that ～

❶ **～するために**（≒ in order that ～）　➕通例、so that
の前にコンマを置かない
❷ **それで～、だから～**　➕通例、so that の前にコンマを置
く。この意味では that は省略される場合が多い

□ 714
every [each] **time ～**

～する時はいつも [必ず]、～するたび [ごと] に

□ 715
as [so] **long as ～**
➕long＝長く
㊙～の間、～もの長い間

～する限り [間] **は**、～である限りは、～ということで
あれば　➕as [so] long as ～は「時間の限度、条件」を、as
[so] far as ～は「程度の限度」を表す

□ 716
in case ～
➕case＝場合

❶ **～の場合に備えて**、～するといけないから（≒ for
fear ～、lest）　➕in case of A は「（前置詞的に）A（事故
など）の場合は」
❷ もし [万一] ～ならば（≒ if）

□ 717
as if [though] **～**

❶ **まるで** [あたかも] **～かのように**
❷ ～のように
❸（it's not as if ～で）～という訳じゃあるまいし　➕相手
の言っていることを信用していないことを表す

□ 718
now that ～

今や～だから、～である以上　➕that を省略することも
ある

□ 719
as [so] **far as ～**
➕far＝遠く；ずっと
㊙～まで、～と同じ距離まで

～に関する限りでは（≒ insofar as ～、in so far as
～）　➕as [so] far as ～は「程度の限度」を、as [so] long
as ～は「時間の限度、条件」を表す

□ 720
by the time ～

～する時までに (は)

Day 44 🎧 130 Quick Review 答えは右ページ下	□ 次の通りで □ 他方では □ A など □ ところで	□ まず第一に □ まず第一に □ まず第一に □ 1つには	□ すなわち □ 結局のところ □ 言い換えれば □ 手短に言えば	□ いわゆる A □ いわば □ いわゆる A □ いわば

Check 2　Phrases 🎧 134

☐ so that I don't forget（忘れない
ために）

☐ every time I see her（彼女に会
う時はいつも）

☐ as long as you are here（あな
たがここにいる限りは）

☐ in case it rains（雨が降った場合に
備えて；もし雨が降ったならば）

☐ It is [seems] as if 〜.（あたかも
〜のようだ［ように見える］）

☐ now that the war is over（今や
戦争は終わったので）

☐ as far as I know（私が知っている
限りでは）

☐ by the time I got home（私が家
に着いた時には）

Check 3　Sentences 🎧 135

☐ Speak louder so that we can hear
you.（みんなが聞こえるように、もっと大きな
声で話してください）

☐ Every time they get together, they
quarrel.（一緒になるといつも、彼らは口論と
なる）

☐ I'll never forget you as long as I
live.（生きている限り、私はあなたのことを決
して忘れないだろう）

☐ In case you have any questions, I
will give you my phone number.（質問
があるといけないので、私の電話番号を教えまし
ょう）

☐ He looked as if he were [was] in
his early 20s.（彼はまるで20代前半のように
見えた）

☐ I can watch TV now that I have
finished my homework.（宿題を終えた
ので、私はテレビを見ることができる）

☐ As far as I remember, he wasn't
in the office that day.（私が覚えている限り
では、その日に彼は職場にいなかった）

☐ By the time we arrived at the ho-
tel, it was already 8 p.m.（私たちがホテ
ルに到着した時には、既に午後8時になっていた）

☐ as follows
☐ on the other hand
☐ A and so on
☐ by the way

☐ first of all
☐ in the first place
☐ to begin with
☐ for one thing

☐ that is
☐ after all
☐ in other words
☐ in short

☐ what we call A
☐ so to speak
☐ what is called A
☐ as it were

Chapter 4 Review

左ページの(1)～(20)の熟語の同意熟語・類義熟語（または同意語・類義語）（≒）、反意熟語・反対熟語（または反意語・反対語）（⇔）を右ページのA～Tから選び、カッコの中に答えを書き込もう。意味が分からないときは、見出し番号を参照して復習しておこう（答えは右ページ下）。

- □ (1) prior to A (562) ≒は? (　　　)
- □ (2) in front of A (567) ⇔は? (　　　)
- □ (3) due to A (577) ≒は? (　　　)
- □ (4) for all A (585) ≒は? (　　　)
- □ (5) regardless of A (588) ≒は? (　　　)
- □ (6) other than A (595) ≒は? (　　　)
- □ (7) in accordance with A (602) ≒は? (　　　)
- □ (8) by means of A (615) ≒は? (　　　)
- □ (9) at the time (625) ≒は? (　　　)
- □ (10) in advance (632) ≒は? (　　　)
- □ (11) from time to time (637) ≒は? (　　　)
- □ (12) at once (642) ≒は? (　　　)
- □ (13) on time (646) ≒は? (　　　)
- □ (14) at last (651) ⇔は? (　　　)
- □ (15) of late (659) ≒は? (　　　)
- □ (16) all of a sudden (669) ≒は? (　　　)
- □ (17) in A's absence (676) ⇔は? (　　　)
- □ (18) first of all (693) ≒は? (　　　)
- □ (19) be to do (705) ≒は? (　　　)
- □ (20) in case ～ (716) ≒は? (　　　)

A. in those days

B. before

C. in A's presence

D. according to A

E. recently

F. irrespective of A

G. lest

H. by virtue of A

I. at the back of A

J. punctually

K. to begin with

L. in spite of A

M. beforehand

N. at the same time

O. all at once

P. because of A

Q. at times

R. be scheduled to do

S. except

T. at first

【解答】 (1) B (2) I (3) P (4) L (5) F (6) S (7) D (8) H (9) A (10) M
(11) Q (12) N (13) J (14) T (15) E (16) O (17) C (18) K (19) R (20) G

CHAPTER
5
その他の熟語

いよいよ最後のChapterに入りました。ここでは、これまで取り上げなかった重要熟語を押さえていきましょう。残りはわずか4日。最後まで「焦らず、急がず」学習を進めていきましょう！

一体全体どこに行ってたのよ？ もうそろそろ夜中の12時じゃない！

Where (　　　) (　　　) (　　　) have you been? It's almost midnight!

答えは Day 46でチェック！

Check 1　Chants 🎧 136

□ 721
in the world
㐅世界で

❶（疑問を強調して）**一体全体**（≒ on earth）
❷（否定を強調して）決して、とても

□ 722
at all

❶（否定文で）**少しも**、全然
❷（疑問文で）一体、そもそも
❸（条件文で）いやしくも、とにかく
❹（肯定文で）ともかく

□ 723
no longer A
= not A any longer

もはやAでない [Aしない]

□ 724
far from A
㐅Aから遠い

決してAでない、Aにはほど遠い、Aどころか（≒ by no means A）

□ 725
on earth
㐅地球で；この世で

❶（疑問を強調して）**一体全体**（≒ in the world）
❷（否定を強調して）全然、ちっとも（≒ at all）

□ 726
all but A
㐅Aのほかは皆

ほとんどA（≒ as good as A、almost、practically）

□ 727
much [still] **less** A

（否定文を受けて）**ましてや** [いわんや] **Aではない**

□ 728
by far
= far and away
➕far ＝はるかに、ずっと

❶（比較級・最上級を強めて）**はるかに**、断然、ずっと、明らかに　➕比較級・最上級の前にも後ろにも置かれる
❷非常に、とても

---

continued
▼

いよいよ最後のChapter 5に突入！ ここでは、今までに取り上げられなかった重要熟語を押さえよう。まずは「強調」の熟語から！

☐ 聞くだけモード　Check 1
☐ しっかりモード　Check 1 ▶ 2
☐ かんぺきモード　Check 1 ▶ 2 ▶ 3

CHAPTER 1
CHAPTER 2
CHAPTER 3
CHAPTER 4
CHAPTER 5

Check 2　Phrases 🎧 137

☐ **what** in the world（一体何を [が]）
☐ **where [when, how]** in the world（一体どこで [いつ、どのように]）

☐ **not** at all（少しも [全く] ～ない；[返事で] どういたしまして）

☐ no longer **exist** = **not exist** any longer（もはや存在しない）

☐ **be** far from **satisfied**（決して満足していない）

☐ **what** on earth（一体何を [が]）
☐ **where [when, how]** on earth（一体どこで [いつ、どのように]）

☐ all but **impossible**（ほとんど不可能な）

【Pop Quiz!】
first of allと同じ意味の熟語は？
▶ 答えは見出し番号693でチェック！

☐ **be** by far the **better** = **be better** by far（[2つのうちで] はるかによい　➕比較級にtheをつけない場合はby farが後ろに置かれる）

Check 3　Sentences 🎧 138

☐ I couldn't understand **what** in the world he was saying.（彼が一体何を言っているのか私は分からなかった）

☐ He doesn't read newspapers at all.（彼は全く新聞を読まない）

☐ I am no longer **young**. = I am not **young** any longer.（私はもう若くない）

☐ The current situation is far from positive.（現在の状況は決して楽観できるものではない）

☐ **What** on earth did he say to her?（彼は一体何を彼女に言ったのですか?）

☐ The job is all but finished.（その仕事はほとんど終わっている）

☐ I can't read French, much less speak it.（私はフランス語を読めないし、ましてや話すこともできない）

☐ He is by far the best actor in the movie.（彼はその映画の中で明らかに最も優れた俳優だ）

continued
▼

Check 1   Chants 🎧 136

□ 729
by no means A
= not A by any means

➕means ＝手段、方法

❶**決してAでない** [しない]、全くAでない [しない] (≒ far from A)
❷(不承知の返事として) とんでもない

□ 730
as good as A
🔑Aと同じほどよい [よく]

ほとんどA、Aも同然 [同様] (≒ all but A、almost、practically)

□ 731
nothing but A
🔑A以外の何ものでもない

Aにすぎない、ただAだけ、Aしかない、Aにほかならない (≒ only) ➕anything but Aは「少しもAでない、Aどころでない」

□ 732
above all (else)

何よりも、とりわけ、中でも (≒ most of all)

□ 733
anything but A
🔑Aのほかは何でも

少しもAでない、Aどころでない ➕nothing but Aは「Aにすぎない、ただAだけ、Aにほかならない」

□ 734
all [only] too A

あまりにも [全く] A過ぎる

□ 735
most of all

何よりも、とりわけ (≒ above all)

□ 736
by all means
➕means ＝手段、方法

❶**必ず**、ぜひ
❷(承諾・許可の意を強めて) ぜひどうぞ、もちろん (≒ of course、definitely、sure)

| Day 45 🎧 133 Quick Review 答えは右ページ下 | □ ～することになっている □ よく～したものだ □ ～するのももっともだ □ ～すべきである | □ ～したほうがいい □ ～しなくてはいけない □ むしろ～したい □ ～しようとしている | □ ～するために □ ～する時はいつも □ ～する限りは □ ～の場合に備えて | □ まるで～かのように □ 今や～だから □ ～に関する限りでは □ ～する時までに |

Check 2　　Phrases 🎧 137

☐ be by no means easy (決して簡単ではない)

☐ be as good as new (新品同然である)

☐ be nothing but a lazy man (怠け者にすぎない)
☐ eat nothing but junk food (ジャンクフードだけを食べる)

【Pop Quiz!】
what we [they, you] call A と同じ意味の熟語は?
▶ 答えは見出し番号701でチェック!

☐ be anything but safe (少しも安全でない)

☐ be all too easy (あまりにも簡単過ぎる)

【Pop Quiz!】
so to speak [say] と同じ意味の熟語は?
▶ 答えは見出し番号702でチェック!

【Pop Quiz!】
in case ～を1語で言い換えると?
▶ 答えは見出し番号716でチェック!

Check 3　　Sentences 🎧 138

☐ The race is by no means over. (レースは決して終わったわけではない)

☐ The report is as good as done. (その報告書はほとんど完成している)

☐ A rumor is nothing but a rumor. (うわさはうわさにすぎない)

☐ Above all, he cherished his family. (何よりも、彼は家族を大切にしていた)

☐ He is anything but a liar. (彼は決してうそつきではない)

☐ The misunderstanding was all too common, but easily cleared. (その誤解はあまりによくあることだが、簡単に解けた)

☐ Most of all, I want to go to New York. (何よりも、私はニューヨークに行ってみたい)

☐ If you have any questions, by all means ask. (疑問点があったら、必ず質問してください)

| Day 45 🎧 133 Quick Review 答えは左ページ下 | ☐ be to do ☐ used to do ☐ may well do ☐ ought to do | ☐ may as well do ☐ had better do ☐ would rather do ☐ be about to do | ☐ so that ～ ☐ every time ～ ☐ as long as ～ ☐ in case ～ | ☐ as if ～ ☐ now that ～ ☐ as far as ～ ☐ by the time ～ |

Day 47　数量表現

Check 1　Chants 🎧 139

□ 737
at (the) **least**
➕least＝最少
▸
❶（数詞を含む語句の前・後で）**少なくとも**、最低に見積もっても（≒ not less than A ⇔at most, not more than A）
❷せめて、いずれにせよ
❸（前言を訂正して）そうではなく；もっと正確には
▸

□ 738
a number of A
▸
相当［若干］**数のA**；多数のA ➕「若干」か「多数」かは文脈によって決まる。数の多少を表す場合は、good、great、large（多い）やsmall（少ない）などを用いる。the number of Aは「Aの人数［個数、総数］」
▸

□ 739
a lot [lots] **of** A
▸
たくさんのA（≒ dozens of A ⇔a bit of A）➕通例、肯定文で可算名詞にも不可算名詞にも用いる。lots of Aのほうが口語的
▸

□ 740
as many A
▸
（先行する数詞と）**同じ数だけのA**、同数のA
▸

□ 741
a couple of A
▸
❶**2、3のA**、いくらかのA、数個［数人］のA
❷2つのA、2人のA
▸

□ 742
plenty of A
▸
十分なA、たくさんのA、多数［多量］のA ➕「十分に間に合うほどたくさん」というニュアンス。Aには可算名詞、不可算名詞のどちらも入る
▸

□ 743
a bit of A
▸
少しのA、わずかのA（⇔a lot [lots] of A）➕Aは不可算名詞
▸

□ 744
dozens of A
➕dozen＝12個、ダース
▸
数十のA：多数のA（≒a lot [lots] of A）
▸

continued ▾

今日は数量表現を確認。ほとんどは修飾する語の前に置かれるが、at (the) least と at (the) most は前後どちらにも置かれることに注意。

□ 聞くだけモード　Check 1
□ しっかりモード　Check 1 ▶ 2
□ かんぺきモード　Check 1 ▶ 2 ▶ 3

CHAPTER 1

CHAPTER 2

CHAPTER 3

CHAPTER 4

CHAPTER 5

Check 2　Phrases 🎧 140

□ at least **15 people**（少なくとも15人）

□ a **great [small] number of mistakes**（多くの [わずかな] 間違い）

□ a lot of **students**（多くの生徒たち）
□ a lot of **money**（大金）

□ **three car accidents in** as many **days**（3日間で3度の自動車事故）

□ a couple of **days**（2、3日）

□ plenty of **books**（多くの本）
□ **drink** plenty of **water**（水を十分に飲む）

□ a bit of **land**（わずかな土地）

□ dozens of **days**（数十日）
□ dozens of **people**（数十人もの人々；多数の人々）

Check 3　Sentences 🎧 141

□ It will take eight months at least to build the building.（そのビルを建設するのに少なくとも8カ月かかるだろう）

□ A number of **people attended the event.**（多くの人がそのイベントに参加した）

□ He has a lot of **experience in the music industry.**（彼は音楽業界での多くの経験がある）

□ He scored five goals in as many **games.**（彼は5試合で5得点を挙げた）

□ I've seen her a couple of **times.**（私は彼女に2、3回会ったことがある）

□ You should eat plenty of **fruits and vegetables.**（あなたは果物と野菜をたくさん食べたほうがいい）

□ I only know a bit of **French.**（私はフランス語が少ししか分からない）

□ She's been to Hawaii dozens of **times.**（彼女はハワイに何十回も行ったことがある）

continued
▼

Check 1　　Chants 🎧 139

□ 745
no more than A

❶（数詞の前で）**わずかA**、たったA（≒ only　⇔ no less than A）　➕ 数・量が少ないことを強調。not more than A は「多くてA、せいぜいA」
❷ A にすぎない（≒ only）　➕「必要とされる最低限でしかない」というニュアンス

□ 746
a great [good] deal of A

多量のA、相当量のA、たくさんのA（≒ much）　➕ A は不可算名詞

□ 747
a handful of A

❶ **一握りのA**、一つかみのA　➕ A は可算・不可算名詞
❷ 少数のA、わずかなA　➕ A は可算名詞

□ 748
at (the) most
➕ most ＝最多

（数詞を含む語句の前・後で）**多くて**（も）、せいぜい（≒ not more than A　⇔ at least, not less than A）　➕ at (the) best は「よくても」

□ 749
quite a few (A)

かなり多数（のA）、相当数（のA）　➕ 単独で名詞として用いられるほか、可算名詞を修飾することもある

□ 750
not more than A

（数詞の前で）**多くて**（も）**A**、せいぜいA、A より多くない（≒ at most　⇔ at least、not less than A）　➕ no more than A は「わずかA、たったA」

□ 751
no less than A

❶（数詞の前で）**A ほども多くの**（≒ as many [much] as A　⇔ no more than A）　➕ 数・量が多いことを強調。not less than A は「少なくともA」
❷ A と同様に、A に劣らず

□ 752
not less than A

（数詞の前で）**少なくともA**（≒ at least　⇔ at most、not more than A）　➕ no less than A は「A ほども多くの」

| Day 46 🎧 136
Quick Review
答えは右ページ下 | □ 一体全体
□ 少しも
□ もはやAでない
□ 決してAでない | □ 一体全体
□ ほとんどA
□ ましてやAではない
□ はるかに | □ 決してAでない
□ ほとんどA
□ Aにすぎない
□ 何よりも | □ 少しもAでない
□ あまりにもA過ぎる
□ 何よりも
□ 必ず |

Check 2   Phrases 🎧 140

☐ **have** no more than **$100**（わずか100ドルしか持っていない）

☐ a great deal of **snow**（大量の雪）
☐ a great deal of **pain**（多くの苦痛）

☐ a handful of **popcorn**（一つかみのポップコーン）
☐ a handful of **supporters**（少数の支持者）

☐ at most **two people**（多くても2人）

☐ quite a few **changes**（かなり多くの変更）

☐ **cost** not more than **$100**（多くても100ドルしかかからない）

☐ **have** no less than **$10,000**（1万ドルも持っている）

☐ **cost** not less than **$10,000**（少なくとも1万ドルかかる）

Check 3   Sentences 🎧 141

☐ **The station is** no more than **five minutes from here.**（その駅はここからわずか5分の所にある）

☐ **The earthquake caused** a great deal of **damage.**（その地震は多くの被害をもたらした）

☐ **There were only** a handful of **people on the street.**（通りにはわずかな人しかいなかった）

☐ **He sleeps five hours** at most.（彼はせいぜい5時間しか寝ない）

☐ **There were** quite a few **people in line.**（かなり多くの人が並んでいた）

☐ **She is** not more than **15 years old.**（彼女はせいぜい15歳だ）

☐ **He has** no less than **$300 in his pocket.**（彼はポケットに300ドルも持っている）

☐ **The number of people in the audience was** not less than **300.**（聴衆の数は少なくとも300人だった）

Day 46 🎧 136
Quick Review
答えは左ページ下

☐ in the world
☐ at all
☐ no longer A
☐ far from A

☐ on earth
☐ all but A
☐ much less A
☐ by far

☐ by no means A
☐ as good as A
☐ nothing but A
☐ above all

☐ anything but A
☐ all too A
☐ most of all
☐ by all means

Check 1　Chants 🎧 142

□ 753
both A **and** B

AもBも両方とも、AのみならずBも

□ 754
more A **than** B

BというよりむしろA（と言うほうが適切・正確）（≒
A rather than B）　➕not so much A as Bは「Aというより
むしろB」

□ 755
A **rather than** B

BよりもむしろA、BではなくてA（≒more A than
B）

□ 756
either A **or** B

AかBか、AかBかのどちらか　➕either A or Bが主語
のとき、動詞はBに一致するのが原則

□ 757
not A **but** B

AでなくてB

□ 758
neither A **nor** B

AでもBでもない、AもBも〜ない　➕neither A nor
Bが主語のとき、動詞はBに一致するのが原則

□ 759
not only A **but**
　　　　also B

AだけでなくBもまた、Aばかりでなくbも（ま
た）　➕alsoが省略されることもある。not only A but also
Bが主語のとき、動詞はBに一致するのが原則

□ 760
not so much A **as** B

AではなくむしろB、AというよりむしろB　➕more
A than Bは「BというよりむしろA」

continued
▼

今日はABの2者の関係の熟語、再帰代名詞 oneselfを使った熟語を見ていこう。oneselfの部分は主語によって変わることにも注意。

□ 聞くだけモード　Check 1
□ しっかりモード　Check 1 ▶ 2
□ かんぺきモード　Check 1 ▶ 2 ▶ 3

Check 2　Phrases 🎧 143

□ **play** both **baseball** and **soccer**（野球もサッカーもする）

□ **be** more **sad** than **angry**（怒っているというよりむしろ悲しんでいる）

□ **study** rather than **watch TV**（テレビを見るのではなく勉強する）

□ **go to** either **Hokkaido** or **Okinawa**（北海道か沖縄のどちらかに行く）

□ **not perfect** but **satisfactory**（完ぺきではないが十分に満足できる）

□ neither **good** nor **bad**（よくも悪くもない）

□ **be** not only **beautiful** but also **intelligent**（美しいだけでなく聡明である）

□ **be** not so much **a singer** as **an actor**（歌手ではなくむしろ俳優である）

Check 3　Sentences 🎧 144

□ Both **he** and **his wife** play the piano.（彼も彼の妻もピアノを弾く）

□ **They are** more **friends** than **lovers.**（彼らは恋人同士というよりむしろ友達同士だ）

□ **He was** a scholar rather than a **teacher.**（彼は教師というよりはむしろ学者だった）

□ Either **you** or **I am right.**（あなたか私かのどちらかが正しい）

□ It is not a dream but a reality.（それは夢ではなく現実である）

□ Neither **she** nor **her husband was at home.**（彼女も彼女の夫も不在だった）

□ **She plays** not only **the piano** but also **the violin.**（彼女はピアノだけでなくバイオリンも弾く）

□ **He is** not so much **a friend** as **an acquaintance.**（彼は友人というよりむしろ知人だ）

continued
▼

Check 1　　Chants 🎧 142

□ 761
for oneself

自分のために、独力で、自分で　➊「自分のためになるように独力で」というニュアンス。(all) by oneselfは「人の助けを借りずに独力で」

□ 762
(all) **by** oneself

➊**独りぼっちで**、自分だけで（≒alone）
➋独力で（≒without help）　➊「人の助けを借りずに独力で」というニュアンス。for oneselfは「自分のためになるように独力で」

□ 763
enjoy oneself

愉快に過ごす、楽しむ

□ 764
help oneself

➊（通例命令文で）(A [飲食物] を) **自分で取って食べる** [飲む]（to A）
➋(A [物] を) 盗む、横領する（to A）

□ 765
have A **to** oneself

Aを独り占め [私有] **する**、Aを1人で使うことができる

□ 766
keep A **to** oneself

➊**A（計画・考えなど）を秘密にしておく**、Aを人に話さないでおく
➋A（物）を独占する

□ 767
behave oneself

➊**行儀よくする**
➋振る舞う、行動する

□ 768
make oneself
　　　　understood

自分の考え [言葉] **を（人に）分からせる**

Check 2   Phrases 🎧 143

□ buy clothes for oneself（自分の
ために服を買う）

□ live by oneself（独りで暮らす）
□ build a house by oneself（独力
で家を建てる）

□ enjoy oneself playing the
guitar（ギターを弾いて楽しむ）

【Pop Quiz!】
at (the) leastと同じ意味の熟語は?
▶ 答えは見出し番号737でチェック!

□ have the house to oneself（そ
の家を独り占めする）

□ keep the secret to oneself（秘
密を人に話さないでおく）

【Pop Quiz!】
no more than Aを1語で言い換える
と?
▶ 答えは見出し番号745でチェック!

□ make oneself understood in
English（英語で自分の考えを伝える）

Check 3   Sentences 🎧 144

□ You should decide for yourself
which college is right for you.（どの大
学があなたに合っているか、あなたは自分で決め
るべきだ）

□ He spent Christmas by himself.
（彼はクリスマスを独りぼっちで過ごした）

□ She seemed to be enjoying her-
self at the party.（彼女はパーティーで楽し
んでいるようだった）

□ Please help yourself to whatever
you like.（お好きなものを何でもお取りくださ
い）

□ They had the whole room to
themselves.（彼らはその部屋全体を占有し
ていた）

□ Please keep this to yourself.（この
ことは秘密にしておいてください）

□ Be quiet and behave yourself!（静か
に行儀よくしなさい!）

□ He couldn't make himself under-
stood.（彼は自分の考えを理解させることがで
きなかった）

□ at least
□ a number of A
□ a lot of A
□ as many A
□ a couple of A
□ plenty of A
□ a bit of A
□ dozens of A
□ no more than A
□ a great deal of A
□ a handful of A
□ at most
□ quite a few
□ not more than A
□ no less than A
□ not less than A

Check 1　　Chants 🎧 145

□ 769
What 〜 for?

なぜ〜、どうして〜（≒ How come 〜?、why）；どんな [何の] 目的で　➕What for?（どうして?）のように単独で用いることも多い

□ 770
Why not 〜?

❶(提案・軽い命令を表して) **〜したらどうですか?**
(≒ Why don't you [we] 〜?、What if 〜?)
❷(Why not? で) なぜいけない [しない] のですか?；(提案などに同意して) いいとも、もちろん

□ 771
What if 〜?

❶**〜したらどうなるだろう?**
❷(提案を表して) 〜したらどうですか?（≒ Why not 〜?、Why don't you [we] 〜?)

□ 772
How [What] about A?

❶(勧誘・提案を表して) **A (して) はどうですか?**（≒ What do you say to A?)
❷(意見を求めて) Aについてどう思いますか?
❸(非難を表して) Aはどうする [なる] のですか?

□ 773
That's why 〜.

そういうわけで〜だ、それが〜の理由だ

□ 774
Why don't you [we]
〜?

(提案・軽い命令を表して) **〜したらどうですか?**（≒ Why not 〜?、What if 〜?)　➕提案者が自分を含めて言う場合は Why don't we 〜? になる

🔴 なぜ〜しないのですか?

□ 775
How come 〜?

どうして〜、なぜ〜（≒ What 〜 for?)　➕why よりくだけた表現。How come?（どうして?）のように単独で用いることも多い

□ 776
The fact is (that) 〜.

実は〜だ、本当は〜だ

continued
▼

いよいよ今日の「文の熟語」で最後。ここまで続けてくれて本当にありがとう！ We're proud of you!!

□ 聞くだけモード　Check 1
□ しっかりモード　Check 1 ▶ 2
□ かんぺきモード　Check 1 ▶ 2 ▶ 3

Check 2　Sentences 1 🎧 146

□ What **did he do that** for?（なぜ彼はそんなことをしたのだろうか？）

□ Why not **take a break**?（休憩したらどうですか？）

□ What if **it rains tomorrow**?（明日雨が降ったらどうなるだろう？）

□ How about **a cup of coffee**?（コーヒーはいかがですか？）

□ I like books. That's why I became a librarian.（私は本が好きです。そういうわけで私は司書になったのです）

□ Why don't you **ask him**?（彼に質問してみたらどうですか？）

□ How come **you don't like her**?（どうして彼女のことが好きではないのですか？）

□ The fact is **our company is in the red**.（実はうちの会社は赤字だ）

Check 3　Sentences 2 🎧 147

□ What **is this medicine** for?（この薬は何に効きますか？）

□ "I can't go to the movie tonight." "Why not?"（「今夜は映画に行けません」「なぜ行けないのですか？」）

□ What if **we cancel the reservation**?（予約を取り消したらどうだろうか？）

□ How about **going for a drink after work**?（仕事が終わったら飲みに行きませんか？）

□ He is really kind. That's why I like him.（彼は本当に親切だ。それが私が彼を好きな理由だ）

□ Why don't we **go out for dinner tonight**?（今晩、夕食に出かけるのはどうですか？）

□ "I'm moving to Osaka next month." "Really? How come?"（「来月、大阪に引っ越すんです」「本当に？　どうしてですか？」）

□ The fact is **I hate mathematics**.（本当は私は数学が嫌いだ）

continued
▼

Day 49

Check 1　　Chants 🎧 145

□ 777
What is A **like?**

Aはどのようなもの [人] ですか?、Aはどういう様子ですか?

□ 778
It is said that ～ .

～だと言われている

□ 779
It goes without saying that ～ .

～は言うまでもない

□ 780
It is (high) **time** (that) ～ .

そろそろ～の時間 [ころ] である ➕that節内の時制は過去が普通

□ 781
It is no wonder (that) ～ .

～は少しも不思議ではない、～なのは当たり前だ ➕It isが省略されることも多い

□ 782
What do you say to A?

(提案を表して) Aはどうですか? (≒ How [What] about A?)

🔹Aに対して何と言いますか?

□ 783
It is not long before ～ .

程なく～、すぐに～ (≒ soon)

□ 784
There is no doing.

～することはできない

238 ▶ 239

Day 48 🎧 142
Quick Review
答えは右ページ下

□AもBも両方とも
□BというよりむしろA
□BよりもむしろA
□AかBか

□AでなくてB
□AでもBでもない
□AだけでなくBもまた
□AではなくむしろB

□自分のために
□独りぼっちで
□愉快に過ごす
□自分で取って食べる

□Aを独り占めする
□Aを秘密にしておく
□行儀よくする
□自分の考えを分からせる

Check 2　　Sentences 1 🎧 146

☐ What's **your new boss** like?
（新しい上司はどのような人ですか?）

☐ It is said that **he is a million-aire.** (彼は大金持ちだと言われている)

☐ It goes without saying that **he is an excellent teacher.** (彼が素晴らしい教師であることは言うまでもない)

☐ It's time **I went to bed.** (そろそろ私は寝る時間だ)

☐ It's almost midnight. It's no wonder **the kids are sleepy.** (もうすぐ夜の12時なのだから、子どもたちが眠そうなのも不思議ではない)

☐ What do you say to **going out for lunch with me**? (私と一緒に昼食に行きませんか?)

☐ It wasn't long before **he came back.** (程なく彼は戻って来た)

☐ There is no **predicting the future.** (未来を予言することはできない)

Check 3　　Sentences 2 🎧 147

☐ What's **the weather** like **today**? (今日の天気はどうですか?)

☐ It is said that **the temple was built in the sixth century.** (その寺は6世紀に建てられたと言われている)

☐ It goes without saying that **you need to attend all classes.** (すべての授業に出席する必要があることは言うまでもない)

☐ It's time **we left.** (そろそろ私たちは出発する時間だ)

☐ **You didn't have breakfast.** It's no wonder **you're hungry.** (あなたは朝食を食べなかったのだから、おなかが減っているのは当然だ)

☐ What do you say to **(taking) a walk**? (散歩に行きませんか?)

☐ It won't be long before **the sun rises.** (すぐに日が昇るだろう)

☐ There is no **accounting for taste.** (人の好みを説明することはできない ➕ことわざ=たで食う虫も好き好き)

☐ both A and B	☐ not A but B	☐ for oneself	☐ have A to oneself
☐ more A than B	☐ neither A nor B	☐ by oneself	☐ keep A to oneself
☐ A rather than B	☐ not only A but also B	☐ enjoy oneself	☐ behave oneself
☐ either A or B	☐ not so much A as B	☐ help oneself	☐ make oneself understood

Chapter 5 Review

左ページの(1)～(16)の熟語の同意熟語・類義熟語（または同意語・類義語）（≒）を右ページのA～Pから選び、カッコの中に答えを書き込もう。意味が分からないときは、見出し番号を参照して復習しておこう（答えは右ページ下）。

□ (1) in the world (721) ≒は? (　　　)

□ (2) far from A (724) ≒は? (　　　)

□ (3) all but A (726) ≒は? (　　　)

□ (4) nothing but A (731) ≒は? (　　　)

□ (5) above all (732) ≒は? (　　　)

□ (6) at least (737) ≒は? (　　　)

□ (7) a lot of A (739) ≒は? (　　　)

□ (8) a great deal of A (746) ≒は? (　　　)

□ (9) at most (748) ≒は? (　　　)

□ (10) no less than A (751) ≒は? (　　　)

□ (11) more A than B (754) ≒は? (　　　)

□ (12) by oneself (762) ≒は? (　　　)

□ (13) What ～ for? (769) ≒は? (　　　)

□ (14) Why not ～? (770) ≒は? (　　　)

□ (15) How about A? (772) ≒は? (　　　)

□ (16) It is not long before ～. (783) ≒は? (　　　)

□ なぜ～　　　　　　　□ そういうわけで～だ　□ Aはどのようなものですか?　□ ～は少しも不思議ではない
□ ～したらどうですか?　□ ～したらどうですか?　□ ～だと言われている　□ Aはどうですか?
□ ～したらどうなるだろう?　□ どうして～　　　　□ ～は言うまでもない　□ 程なく～
□ Aはどうですか?　　　□ 実は～だ　　　　　　□ そろそろ～の時間である　□ ～することはできない

A. What do you say to A?

B. much

C. A rather than B

D. by no means A

E. soon

F. dozens of A

G. on earth

H. How come 〜?

I. most of all

J. not more than A

K. only

L. Why don't you 〜?

M. as many as A

N. almost

O. alone

P. not less than A

【解答】(1) G (2) D (3) N (4) K (5) I (6) P (7) F (8) B (9) J (10) M
(11) C (12) O (13) H (14) L (15) A (16) E

□ What 〜 for?   □ That's why 〜.   □ What is A like?   □ It is no wonder 〜.
□ Why not 〜?   □ Why don't you 〜? □ It is said that 〜.   □ What do you say to A?
□ What if 〜?   □ How come 〜?   □ It goes without saying that 〜. □ It is not long before 〜.
□ How about A?   □ The fact is 〜.   □ It is time 〜.   □ There is no doing.

ねぇねぇ、どれくらい覚えてる？
Hey, how many do you remember?

▶

Index

*見出しとして掲載されている熟語は赤字、それ以外の熟語は黒字で示されています。それぞれの語の右側にある数字は、見出し番号を表しています。赤字の番号は、見出しとなっている番号を示します。定義が3つ以上ある熟語は、第2義までを掲載しています。

Index

どれだけチェックできた? 1 ☐ 2 ☐

どれだけチェックできた？ 1 ☐ 2 ☐

どれだけチェックできた?　1 ⬚　2 ⬚

改訂版 聞いて覚えるコーパス 英熟語
キクジュク
【Basic】
大学入試レベル

書名	改訂版 キクジュク【Basic】大学入試レベル
発行日	2023年12月15日（初版）
編著	一杉武史
編集	株式会社アルク 文教編集部
編集協力	伊藤香織、石田高広
英文校正	Peter Branscombe、Margaret Stalker、Joel Weinberg、Owen Schaefer
アートディレクション	細山田 光宣
デザイン	小野安世（細山田デザイン事務所）
イラスト	shimizu masashi（gaimgraphics）
ナレーション	Eric Kelso、Julia Yermakov、Chris Koprowski、Caloryn Miller、紗川じゅん
音楽制作	東海林敏行（onetrap）
録音・編集	一般財団法人 英語教育協議会（ELEC）
DTP	株式会社秀文社
印刷・製本	シナノ印刷株式会社
発行者	天野智之
発行所	株式会社アルク

〒102-0073　東京都千代田区九段北4-2-6 市ヶ谷ビル
Website：https://www.alc.co.jp/
中学・高校での一括採用に関するお問い合わせ：
koukou@alc.co.jp（アルクサポートセンター）

地球人ネットワークを創る

アルクのシンボル
「地球人マーク」です。